JN076712

つなぐ・つなげる インクルーシブ教育

# かかわりの中で育つ 通常学級『自立活動』の発想による指導

青山新吾編集代表

土居裕士 著

学事出版

# 刊行にあたって

2007年の学校教育法の一部改正によって、本格的に特別支援教育が実施されてから、随分長い年月が過ぎました。その間に、個別の指導・支援の重要性という特別支援教育の基本的な考え方は学校現場や家庭に拡がったと思います。そして、多くの特別支援教育関連書籍が発刊されています。書店でもネット上でも、その充実ぶりは素晴らしいのですが、同じような内容のものも多く、特別支援教育だけに限定した書籍は、そろそろ出尽くしてきた印象もあります。

本シリーズの姉妹編ともいえる「インクルーシブ発想の教育シリーズ」を刊行したのが2016年でした。こちらのシリーズでは、インクルーシブ教育を特別支援教育から発想するのではなく、通常の教育や福祉など、他の領域と関連付けて提起しています。そして、インクルーシブ教育を進めていく際に大切にしたい基本的な考え方を「インクルーシブ発想」と表現し、基本的な考え方とその実装を示していこうとしています。

2021年の現在、インクルーシブ発想の教育シリーズで提起してきたことが少しずつ理解されはじめて、インクルーシブ教育の時代が訪れているように思えます。そして、それらをさらに進めるためには、特別支援教育だけに限定して考えるのではなく、特別支援教育と通常の教育そして子どもと子ども、子どもと先生、先生同士や先生と保護者、学校と地域など、さまざまなつながりの中での特別支援教育が必要になります。

本シリーズは、インクルーシブ教育の時代に必要な「つなぐ・つなげる」発想に支えられた特別支援教育の考え方や実践を、できるだけリアルな記述でお届けして参ります。本シリーズが、インクルーシブ時代に必要な特別支援教育を構想し、実践するためのヒントを提供することで、すべての子どもたちの「小さな幸せのかたち」を紡ぎ出す一助になれば幸いです。

**編集代表　青山新吾（ノートルダム清心女子大学人間生活学部児童学科・インクルーシブ教育研究センター）**

# 教室にこんな子

注意を受けたり、失敗したりすると必要以上に感情的になり、不安定になってしまう子……

「やめないといけない」とわかっていてもやめられずに、パニックになってしまう子……

グループでの活動なのに、自分の好きなアニメのキャラクターを勝手に描いている子……

# この子たちに指導は、

# たちはいませんか？

人とかかわることが苦手で、何事にも自信がもてず、自分から意見を言うことがほとんどない子……

とても無口で、休み時間は一人で過ごすことが多く、授業中も自分から進んで周りの友だちにかかわろうとはしない子……

学習への関心や意欲が極端に低く、自分のしたいことしかやらない。そしてそれが受け入れられないと怒りをあらわにし、教室から飛び出していく子……

# 共通して必要な「自立活動」です。

# はじめに

この本を手に取っていただき、ありがとうございます。

ところで、みなさんはどのような立場の方でしょうか。通常学級の担任をされている方ですか。それとも、特別支援学級の担任の方でしょうか。通級による指導を担当されている方かもしれませんね。

いずれにせよ、特別支援教育やインクルーシブ教育に関心をもち、日々子どもたちとかかわりについて考え、悩み、奮闘されている方なのだろうと想像します。

また「『自立活動』の発想による指導って？」と興味を引かれた方もいるかもしれません。自立活動。そう、この言葉が本書のキーワードです。

本書は、**どこの学級にもいるさまざまな困難さを抱えている子どもたちと先生方とのかかわりについて、再考を促すもの**です。

しかしこれは決して、子どもたちと先生方のこれまでを否定するものではありません。

先生方がやってきたこと、大切にしてきたことはそのままに、少しだけ丁寧に意味付けや価値付けを行うことで、子ども理解が進んだり、教師間の連携が楽になったりするとしたら、どうですか？

その結果、学級で苦戦しがちな子どもたちの学習や生活の質が向上したり、困難な状況に少しでも光が差し込んだりするとしたら……。

ほんの少し見方を変えるだけで、特別支援教育やインクルーシブ教育が推進されていくとしたら……。

本書では、そのためのささやかなチャレンジを試みます。

では、はじめましょう。

つなぐ・つなげるインクルーシブ教育

# かかわりの中で育つ<br>通常学級『自立活動』の発想による指導

## 目次

# 序章

# ある教室の光景

O市のK小学校にやってきました。今はちょうど休み時間のようです。折角なので、教室の様子をのぞいてみましょう。まずは、元気な声が聞こえてくる3年生の教室に行ってみたいと思います。

光景1

3年生の教室では、何人かの子どもたちが雑談をしていました。教室の奥にいるのは、担任の先生でしょうか。一人の子どもと向かい合って座っています。何か話しているようです。

**担任**「さっきね。Aさんの消しゴム拾ったんだ。昨日から3回目だけど(笑)」
**A児**「(照れながら) ごめんなさい」
**担任**「まあ、いいんだけどね。でも、使いたいときになくって、困ることはないですか?」
**A児**「よくあります」
**担任**「でしょう。何か作戦立てたほうがいいんじゃないかなぁ」
**A児**「はい」
**担任**「取りあえず、お道具箱から見てみようか。出してごらん」
**A児**「グチャグチャだ~ (笑)」
**担任**「これは、なかなかだねぇ (笑) 要るモノと要らないモノを分けてみよう」
**A児**「はい」
**担任**「(クシャクシャに丸まったプリントをつまんで) これは?」
**A児**「要らないです」
**担任**「この短い鉛筆は?」
**A児**「持って帰ります」

**担任**「整理整頓したら、すごく便利になるよ。休み時間のうちに、一緒にやってしまいましょう」

どうやら整理整頓が苦手な子どもに対する指導のようです。どこの学級にもいるのですね。この方法で落とし物も減るといいのですが。今後のＡさんの頑張りに期待です。

光景２

さあ、チャイムが鳴りました。２時間目の授業が始まります。今度は、たんぽぽ教室（特別支援学級）に行ってみることにしましょう。何の授業でしょうか。担任の先生が、黒板に授業のめあてを書いています。

**担任**「めあてを読みましょう。さん、ハイ」
**児童ら**「せいりせいとんの名人になろう」
**担任**「みなさんは、整理整頓は得意ですか？」
**児童ら**「はーい！」
**担任**「あら、Ｂさん。消しゴムが落ちていますよ」
**Ｂ児**「（ニコニコしながら、拾う）ありがとう」
**担任**「整理整頓をしてないと、今みたいに落としちゃうこともあるでしょう？　すぐ使いたいときに困りませんか？　どうですか？Ｃさん」
**Ｃ児**「うん。困る」
**担任**「今まで、困ったことはありませんでしたか？」
**児童ら**「ある、ある」
**担任**「そうですよね。今日は、みんなに“整理整頓”の名人になってもらおうと思います。いいですか？」

児童ら「はい！」
担任「ではまず、お道具箱からです。机からお道具箱を出しましょう」
B児「グチャグチャだ～（笑）」
担任「では、整頓タイム、スタート！（タイマーをセットする）」

ここでも、持ち物の整理整頓の仕方を学習しているみたいですね。担任の先生は子どもたちの机を回りながら、道具箱の整理を手伝っています。一番初めに終わった子どもが、担任の先生に声をかけました。先生はデジタルカメラを持って来て、きれいに片づいた道具箱の写真を撮っています。何に使うのでしょうか。どうやら、プリントアウトした写真をラミネートして、道具箱の底に敷けるようにするようです。なるほど！こうすれば整理整頓が苦手な子どもにとってもわかりやすいですね。ナイスアイデアです。

光景３

２時間目が終わり、再び休み時間になりました。教育相談室に誰かが入って行くのが見えました。どこか緊張した雰囲気が漂っています。何かトラブルでもあったのでしょうか。

教師「どうして、手が出たんだろう？」
D児「（うつむいたまま）○○さんが体育のとき、俺ばっかり狙うから」
教師「狙うって？」
D児「ドッジをやってて……」
教師「ドッジボールのときに当てられたってこと？」
D児「……はい」
教師「○○さんは、よくDさんを狙ってくるの？」

D児「いつもじゃないけど、何か今日はそんな気がして」
教師「じゃあ、ホントに狙っていたかどうかは、わからないのかな？」
D児「……はい」
教師「当てられて悔しい気持ちはわかるけど、手を出したのはまずかったね」
D児「……」
教師「○○さんには、もう謝ったの？」
D児「はい。『いいよ』って」
教師「そうか。次は気を付けなよ。ところで、カッとして、手が出ちゃうことはよくあるのかな？」
D児「……はい」
教師「そうですか。何とかしたい気持ちは？」
D児「あります」
教師「でも、方法がわからない？」
D児「はい」
教師「それじゃあ、こんな方法はどうだろう？　カッとなったときにはね、深呼吸してみる。大きく息を吸ったり吐いたりして、気持ちを落ち着かせる。別のやり方もあるよ。『1、2、3、4……』ってゆっくり数を数えてみるってやつ。どうかな？　先生と一緒に、Dさんに合ったやり方を考えてみよう……。」

カッとなると、思わず手が出てしまう。そういう子どもも確かにいます。おそらく本人も決してその状態がいいとは思っていないでしょう。でも、どうしたらいいかわからない。先生のアドバイスがヒントになるといいですね。

光景４

３時間目が始まったようです。最後に、ひまわり教室（通級指導教室：通級による指導については第１章で扱います）に行ってみましょう。

担当の先生と子どもが向かい合って座っています。一対一で行う授業のようですね。ここでは、どんな学習が行われているのでしょうか。

**Ｅ児**「先生、今日はどんな勉強をするの？」
**担当**「今日は『こころの温度をはかってみよう』という勉強をするよ」
**Ｅ児**「こころの温度って何？」
**担当**「Ｅさんは、カッとして、思わず大きな声が出たりとか、友だちに思わず手を出してしまったりしたことはありませんか？」
**Ｅ児**「あるある。カッとしたら、つい」
**担当**「そんなときは、こころの温度が一気にグーンと上がっているんですよ。するとドッカーンと爆発して、思わず大声や手や足が出てしまう。そうなると、大変でしょう？」
**Ｅ児**「うん。大変。後で叱られる（笑）」
**担当**「でしょう？　そうならないようにするための勉強です。面白そうじゃないですか？」
**Ｅ児**「うん！　やってみたい！」
**担当**「では、Ｅさん。最近、イライラしたことや腹が立ったことはありませんでしたか？」
**Ｅ児**「……そうだなぁ。そういえば、ドッジボールのときに……」

ここまで教室の四つの光景を見てきました。どの教室にも教師と子どもがいて、子どもに対する何らかの指導が行われていました。

〈光景１〉と〈光景２〉は、整理整頓を苦手とする子どもに対する指導であり、〈光景３〉と〈光景４〉は、感情を抑えられず、思わずカッとなってしまう子どもに対しての指導でした。また、それぞれの指導内容も酷似していたことにも気づいたのではないでしょうか。

さて、みなさん。「自立活動」という言葉を聞いたことがありますか。詳しくは第１章にゆずるとして、これら四つの光景のいくつかは、自立活動の指導として扱われるものです。では、四つの中のどの指導が自立活動に該当すると思いますか。少し時間を取って考えてみてください。

**〈光景１〉自立活動ではない　　〈光景２〉自立活動である**
**〈光景３〉自立活動ではない　　〈光景４〉自立活動である**

いかがでしたか。しかし、指導内容そのものは酷似しているにもかかわらず、自立活動であったりなかったりするのは、なぜでしょうか。

例えば、学級にものすごく算数が嫌いな子どもがいるとします。算数の時間になると、途端にやる気を失い、机に突っ伏したまま、教科書すら開こうとしません。他の教科ではそのような姿は全く見られません。とにかく算数の授業だけ、極端な拒絶反応が起こります。

学級の中にこのような子どもがいれば、当然指導の対象となるでしょう。何が原因なのか、どうすれば算数の学習への意欲を喚起することができるのかなど、必死に教師は頭を働かせるはずです。授業の導入にその子どもの好きなキャラクターを登場させてみてはどうだろうか。具体物を持ち込んでみよう、などなど。

本人との対話も試みるでしょう。その結果、九九の未習得が原因ということがわかれば、一緒に九九を唱えるのではないかと思います。また、図形等の学習において、コンパスを使うことに抵抗があるとするならば、その練習にも付き合うはずです。

このような学習に乗りにくい子どもに対して、通常学級の担任は、休み時間等の授業時間以外を使って、個別に指導を行ってきました。放課後の個別指導などは、どこの学校でも日常的に見られる光景ではないかと思われます。

では、このような授業外に行う個別の指導は、学校における教育活動のどこに位置付けられるのでしょうか。例えば、放課後に45分の算数の個別指導をした場合、それを算数の授業として扱うことができるのでしょうか。

もちろん、それはできません。100%算数に関する指導を行っていたとしても、これらの指導は算数の授業としてはカウントされません。教育課程上に位置付けられていないからです。

しかし、このような子どもに対して、仮に全く同じ指導（原因を探り、意欲の喚起について模索し、本人との対話を通して、九九の詠唱やコンパスの練習をする、というような）を通級指導教室で行うとすれば、それは教育課程上に位置付けられた正規の指導としてカウントされます。そして、これらの指導は、自立活動による指導として扱われることになるのです。

全く同じ指導内容であるにもかかわらず、通常学級の教育課程上に自立活動が位置付けられていないため、その扱いは全く異なっているのです。考えてみれば不思議な気がしませんか。

裏を返せば、**通常学級の担任は、児童個々の実態に応じて、これまで日常的に無自覚のまま「自立活動」的な指導を行っていたともいえる**のです。あまりにも日常的であり、あまりにも無自覚で行われてきた指導であるがゆえに、通常学級の担任は、自立活動に目を向けることがほとんどありませんでした。非常に酷似した内容にもかかわらず、です。

本書は、**通常学級における「自立活動」的な指導、すなわち『自立活動』の発想による指導に焦点を当て、その可能性について探っていく**ものです。

では、そもそも自立活動とはどのようなものなのでしょうか。まずは、自立活動について知るところから、はじめていくことにしましょう。

# 第1章

# 自立活動とは

# 01 自立活動の目標

自立活動とは、どのようなものなのでしょうか。第1章では、自立活動の概要について、主に学習指導要領の記述に基づいて説明していきます。説明に際しては、出典とページ番号を可能な限り示すようにしました。合わせてご覧いただけると、より理解が深まるのではないかと思います。

1971（昭和46）年の学習指導要領の改訂において、盲学校、聾学校及び養護学校に共通して設けられた「養護・訓練」は、障害の状況を改善し、または克服するための特別の領域として位置付けられたものです。この養護・訓練が、1999（平成11）年の学習指導要領の改訂において、障害の多様化に対応する形で「自立活動」へと名称変更されることになります。それに合わせて目標、内容等も見直されました。したがって自立活動としての歴史は約20年と比較的新しい指導領域といえます。

では、この自立活動における“自立”とは、どのような状態を指すのでしょうか。

みなさんは「自立とは何か？」と問われたら、どのような姿をイメージしますか。「親元を離れて自立する」といったときなどに使う、何者にも頼ることのない、独り立ちした力強い姿をイメージされるでしょうか。

自立活動が目指す“自立”は少し違います。ここでいう“自立”とは、

> **児童生徒がそれぞれの障害の状態や発達の段階等に応じて、主体的に自己の力を可能な限り発揮し、よりよく生きていこうとすること**
> **（『特別支援学校教育要領・学習指導要領解説　自立活動編（幼稚部・小学部・中学部）』文部科学省、平成30年3月、49頁）（以下、『自立活動編』。＊下線は筆者によるもので以下同）**

を意味しています。一人で力強く生きるというよりも、前向きにしなやかに生きるというイメージでしょうか。私自身は、この“自立”という言

葉に対しては「障害や発達の状態はいろいろあるけれど、その中で自分のもっている精一杯の力で、前向きに進んでいこうとする姿」のようなイメージをもっています。ここでは、必要に応じて他者に援助を求めることも奨励されます。

この自立活動は、特別支援学校の教育課程に特別に設けられた指導領域です。障害のある幼児児童生徒の教育において、教育課程上重要な位置を占めるとされています。自立活動の目標は、次のように示されています。

**個々の児童又は生徒が自立を目指し、障害による学習上又は生活上の困難を主体的に改善・克服するために必要な知識、技能、態度及び習慣を養い、もって心身の調和的発達の基盤を培う。**

（『自立活動編』48～49頁）

例えば、知的障害のある子どもは、身体の動きに困難さをもっていることがあります。そこで「さまざまな大きさの色玉を所定の場所に箸を使って入れる」というような課題に取り組んだりします。いわゆる“豆つかみ”ですね。これは、手指の器用さ（巧緻性）を高めることで、学習や生活における困難さを改善したり、克服したりしようとするために行う自立活動です。

また、自閉症のある子どもが在籍する学級では、トランプや双六といったゲームが行われることもあります。これらは、レクリエーションの一環というよりも、ゲームを通じて友だちとのコミュニケーションを促進したり、集団のルールを守ったりする経験やスキルを向上させたりするといった意図で行われることが多いようです。これもまた、自立活動による指導です。

このように、特別支援学校では、子どもの実態に合わせた課題を設定し、その子どものもつ困難さを改善したり克服したりできるように、自立活動による指導を行っています。

# 02 自立活動の内容と指導

自立活動では、どのような内容が扱われるのでしょうか。

2017（平成29）年４月告示の学習指導要領では、自立活動の内容は、六つの区分（１健康の保持・２心理的な安定・３人間関係の形成・４環境の把握・５身体の動き・６コミュニケーション）に分類されています。

前述した「色玉を箸でつまむ」という課題は、主として「５身体の動き」にかかわる内容ということになります。各区分の下には、それぞれ３～５の項目があり、全体で27の項目が示されています（自立活動の６区分27項目については、巻末資料を参照してください）。

また、これら学習指導要領に示された自立活動の内容については、そのすべてを扱う必要はありません。児童生徒の実態に応じて必要な項目を選定し、相互に関連付けて取り扱います。ここが、各教科等の学習指導要領に示されている内容の取扱いとは、大きく異なる部分です。前述したトランプや双六は、自立活動の内容の「３人間関係の形成」に示されている「（１）他者とのかかわりの基礎に関すること」や「（４）集団への参加の基礎に関すること」などの項目を関連付けて実施された例だと考えることができるでしょう。

1 健康の保持
2 心理的な安定
3 人間関係の形成
4 環境の把握
5 身体の動き
6 コミュニケーション

自立活動の６区分

(1) 他者とのかかわりの基礎に関すること
(2) 他者の意図や感情の理解に関すること
(3) 自己の理解と行動の調整に関すること
(4) 集団への参加の基礎に関すること

３人間関係の形成に示されている項目

では、これらの自立活動の指導はいつ行うのでしょうか。

自立活動の指導には、各教科等の時間や休み時間など学校の教育活動全体を通じて行うものと、時間割に“自立活動の時間”を設けて授業として行うものとがあります。つまり、自立活動は国語や算数などの授業の中で教科と関連させて行うこともできるし、自立活動の時間に単独で取り扱うこともできるということになります。

以上、自立活動について概略を説明してきました。通常学級を担任されている先生方にとっては、聞き慣れないことも多かったかもしれません。少し整理しておきます。

POINT!

○自立活動は、特別支援学校の教育課程に特設された指導領域である
○自立活動は、個々の障害による学習や生活上の困難さを改善・克服するための学習である
○自立活動の内容として、６区分27項目が示されている

## 03 自立活動による指導の必要性

自立活動は、子どもの学習や生活における困難さを改善したり克服したりするための学習であることがわかりました。ここでは、その必要性について、もう少し詳しくみていくことにしましょう。『自立活動編』には、次のように示されています。

> 小・中学校等の教育は、幼児児童生徒の生活年齢に即して系統的・段階的に進められている。そして、その教育の内容は、幼児児童生徒の発達の段階等に即して選定されたものが配列されており、それらを順に教育することにより人間として調和のとれた育成が期待されている。
>
> しかし、障害のある幼児児童生徒の場合は、その障害によって、日常生活や学習場面において様々なつまずきや困難が生じることから、小・中学校等の幼児児童生徒と同じように心身の発達の段階等を考慮して教育するだけでは十分とは言えない。そこで、個々の障害による学習上又は生活上の困難を改善・克服するための指導が必要となる。
>
> （『自立活動編』21頁）

小学校や中学校における教育は、児童生徒の心身の発達段階等を考慮して、系統的・段階的に実施されており、それによって人間としての調和的発達を目指します。

しかし、学校の教育場面において、障害によるつまずきや困難が生じた場合、それが原因で調和的発達を促せないことがあります。ですから、児童生徒の学習や生活で生じた困難さを改善したり克服したりするための指導が別途必要になってきます。これが、自立活動の指導が必要とされる所以です。

## 04 自立活動と合理的配慮

近頃では学校現場においても「合理的配慮」という言葉をよく耳にするようになりました。では、自立活動と合理的配慮との関係は、どのようになっているのでしょうか。

合理的配慮は、「障害を理由とする差別の解消の推進に関する法律」(いわゆる「障害者差別解消法」)(2013年制定、2016年施行、2021年改正)において規定されたものです。これにより、学校教育においても合理的配慮の提供が求められることになりました。

学校教育における合理的配慮については、

> **障害のある子どもが、他の子どもと平等に「教育を受ける権利」を享有・行使することを確保するために、学校の設置者及び学校が必要かつ適当な変更・調整を行うことであり、障害のある子どもに対し、その状況に応じて、学校教育を受ける場合に個別に必要とされるものであり、学校の設置者及び学校に対して、体制面、財政面において、均衡を失した又は過度の負担を課さないもの**
>
> (「共生社会の形成に向けたインクルーシブ教育システム構築のための特別支援教育の推進(報告)」中央教育審議会初等中等教育分科会、2012年7月)

と定義されています。

自立活動と合理的配慮との関係は、「指導」と「配慮」という二つの視点から捉えることができます。『自立活動編』には、指導と配慮という視点について、次のように示されています。

**〈指導という視点に関する記述〉**

**自立活動としては、障害による学習上又は生活上の困難を改善・克服するために、幼児児童生徒が、困難な状況を認識し、困難を改善・克服するために必要となる知識、技能、態度及び習慣を身に付けるとともに、自己が活動しやすいように主体的に環境や状況を整える態度を養うことが大切である**

**（『自立活動編』16頁）**

**〈配慮という視点に関する記述〉**

**学校教育における合理的配慮は、障害のある幼児児童生徒が他の幼児児童生徒と平等に教育を受けられるようにするために、障害のある個々の幼児児童生徒に対して、学校が行う必要かつ適当な変更・調整という配慮である**

**（『自立活動編』17頁）**

この文章からだけでは、二つの視点の関連がわかりにくいので、『自立活動編』に示されている「小さい文字が見えにくい弱視の子ども」の例で考えてみます。

この子どもが“小さい文字が見えにくい”という学習上の困難さを改善・克服できるよう、弱視レンズ等を活用するために必要な知識や技能、態度や習慣を養うように指導する。これが自立活動です。したがって指導という視点になります。

また、この子どもが、他の子どもと同じように授業を受けられるように、教師が拡大したプリントを用意する。これはこの子どもに対する合理的配慮です。これが配慮という視点です。

自立活動による指導を行っているから、拡大プリントは用意しなくてもいい、ということはできません。また、合理的配慮を提供しているから、その子どもが弱視レンズを活用できるようにしなくてもよい、ともなりません。指導と配慮の両方の視点から子どもを捉え、支援をしていくことが必要です。その意味では、自立活動と合理的配慮は補完関係にあるものといえるでしょう。

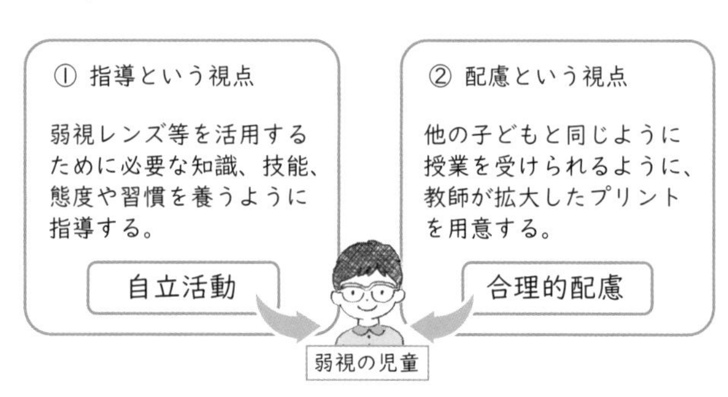


小さい文字が見えにくい弱視の子どもへの支援

# 05 自立活動の対象

先に述べたように、自立活動は、特別支援学校の教育課程に特設された指導領域です。では、障害による学習や生活上の困難さをもつ子どもは、特別支援学校にしか存在しないのでしょうか。

もちろん、そんなことはありません。ご存じの通り、小学校や中学校には特別支援学級があります。また、通級指導教室（「通級による指導」については後述します）が設置されている学校もあります。

『自立活動編』には、自立活動の対象について、

> **小・中学校等の特別支援学級や通級による指導においては、児童生徒の障害の状態等を考慮すると、小学校又は中学校の教育課程をそのまま適用することが必ずしも適当ではなく、特別支援学校小学部・中学部学習指導要領に示されている自立活動等を取り入れた特別の教育**

> 課程を編成する必要性が生じる場合がある。
>
> （『自立活動編』22頁）

と示されています。つまり、自立活動は、決して特別支援学校特有のものではなく、小・中学校の特別支援学級に在籍している児童生徒や通級による指導を受けている児童生徒もまた、その対象としていることがわかります。

ここで「通級による指導」について少し触れておきます。

通常の学級に在籍している子どもの中にも、障害の特性に応じた支援が必要な子どもがいることがあります。そのような子どもは、在籍している通常の学級で大部分の授業を受けながら、障害による学習面や生活面の困難さを克服するための指導も合わせて受けることができます。これを通級による指導（通級指導）といいます。通級指導には、在籍校（自校）で受ける場合と他校で受ける場合とがあります。

通級による指導の対象とされるのは、言語障害・自閉症・情緒障害・弱視・難聴・学習障害（LD）・注意欠陥多動性障害（ADHD）・肢体不自由、病弱及び身体虚弱で、いずれの場合も通常の学級での学習におおむね参加でき、一部特別な指導を必要とする程度のもの、とされています。なお、2018（平成30）年度より、小・中学校等に加えて、高等学校においても通級指導が制度化されました。

みなさんがよく知っている特別支援学級のＡさんも、みなさんの学級に在籍しながら、通級指導に通っているＢさんも、自立活動による指導を受けているのです。そう思えば、少し自立活動が身近なものに感じられませんか。

そうはいってもまだ「自立活動の大切さはわかった。でも、結局のところ、特別支援学校の教師や特別支援学級の担任、通級指導の担当にならなければ、自分とは関係ないんじゃないの？」と感じている方もいるかもしれませんね。

本書を執筆するにあたって、特別支援学級や通級指導の経験のない先生方に自立活動について尋ねてみました。個人差はありますが、集約すると「聞いたことはあるけど、詳しくは知らない」といったところに落ち着くようです。やはりどこか、自分とは関係ないもの、という感覚があることは否めません。

では、通常学級の担任にとって、自立活動は本当に無関係なものなのでしょうか。以下の文章をお読みください。

> なお、小学校又は中学校等の通常の学級に在籍している児童生徒の中には、通級による指導の対象とはならないが、障害による学習上又は生活上の困難の改善・克服を目的とした指導が必要となる者がいる。
> この場合、本書*に示した内容を参考にして児童生徒の困難さを明らかにし、個別の教育支援計画や個別の指導計画を作成するなどして、必要な支援を考えていくことが望まれる。
>
> (『自立活動編』23頁＊ここでいう本書とは『自立活動編』を指す)

ここには、通常学級の担任であっても、自立活動の内容を参考にして、必要な支援を提供していくことが求められていることが明示されています。自立活動は、通常学級を担任している先生方にとっても、決して無関係なものではないのです。

これは、当然といえば当然のことかもしれません。前述のように、通級による指導を受けている児童生徒は、通常学級に在籍しているのです。自分の学級に在籍している子どもが受けている指導について「そうなんですか。初めて知りました」と言うことはできないでしょう。言うにはちょっと勇気が必要です。

それでもなお、「関係ない！」と思う強靱な精神力をおもちの方（もちろん“いい意味で”ですよ）がいるかもしれません。これなら、いかがでしょうか。

**ADHD や自閉症のある幼児児童生徒の場合、活動に過度に集中してしまい、終了時刻になっても活動を終えることができないことがある。**

**このような場合、活動の流れや時間を視覚的に捉えられるようなスケジュールや時計などを示し、時間によって活動時間が区切られていることを理解できるようにしたり、残り時間を確認しながら、活動の一覧表に優先順位をつけたりするなどして、適切に段取りを整えられるようにすることが大切である。**

**（『自立活動編』82頁＊改段は筆者による）**

これは『自立活動編』にある記述です。この記述の前段部分をエピソードとしてリライトしてみます。

……３年１組には、自分の好きな物事には、ものすごい集中力を発揮するヒロシさんが在籍しています、しかし、あまりに集中しすぎると、なかなかその活動を止めることができません。周りの友だちが注意すると、思わずカッとなり、トラブルになってしまうことがよくあります……。

どうですか。みなさんの周りには、集中しすぎてしまって活動の終わりに気付かない、そして、無理に止めさせると不安定になってしまう、ヒロシさんのような子どもはいませんか。そんなヒロシさんには、どのようにかかわっていけばよいでしょうか。

引用した『自立活動編』の後段部分に例示されているように、このような子どもに対して、視覚的にスケジュールを示したり、タイマーなどを使用して時間を意識させたりすることは、よく行われる支援といえるでしょう。ここでは、さらに加えて「残り時間を確認しながら、一覧表に優先順位を付ける」指導についても言及されています。このように自立活動として示されている指導や支援は、通常学級においても十分役立つものと考えられます。
通級による指導を受けていないけれども、学習や生活に困難さをもっているクラスの中の〇〇さん。どこのクラスにもいる、そのような子どもたちもまた、自立活動による指導を必要としている可能性があるのです（これについては、第２章で詳しく述べていきます）。

以上で第１章は終わりです。ここでは、自立活動の概要について扱いました。いかがでしたか。こうしてみてみると、やはり**自立活動についての理解は、学校種や学級種を問わず、すべての教師にとって必須である**と思うのです。
次章では、通常学級における「自立活動」的な指導、『自立活動』の発想による指導について考えていきます。

POINT!

**〇自立活動の対象には、通常学級に在籍する困難さをもつ児童生徒も含まれている**
**〇自立活動についての理解は、すべての教師にとって必須である**

# 第２章

# 『自立活動』の発想による指導とは

第１章では、自立活動についての理解は、校種や学級種に関係なくすべての教師に必須であると述べました。第２章では、改めて通常学級における自立活動について考えていきます。

## 01　インクルーシブ教育システムと6．5％の子どもたち

2012（平成24）年７月に、中央教育審議会初等中等教育分科会は「共生社会の形成に向けたインクルーシブ教育システム構築のための特別支援教育の推進（報告）」をまとめました。そこでは、「インクルーシブ教育システム」を次のように定義しています。

> **人間の多様性の尊重等の強化、障害者が精神的及び身体的な能力等を可能な最大限度まで発達させ、自由な社会に効果的に参加することを可能とするとの目的の下、障害のある者と障害のない者が共に学ぶ仕組み**

そして、このインクルーシブ教育システムの中では、障害のある者が一般的な教育制度から排除されないことや自己の生活する地域において初等中等教育の機会が与えられること、そして、個人に必要な合理的配慮が提供されること等が必要であるとされています。

インクルーシブ教育システムにおいては、通級による指導、特別支援学級、特別支援学校といった、連続性のある多様な学びの場を用意しておくことが必要であるとした上で、障害のある子どもと障害のない子どもができるだけ同じ場で共に学ぶことを基本的な方向としています。この考え方は、これからの学校教育の方向性を示すものとして重要です。

そして、同じ2012年の12月、文部科学省による、ある全国実態調査の結果が発表されました。

この調査において示されたのが、通常学級に在籍する「知的発達に遅れはないものの学習面又は行動面で著しい困難を示す」とされた児童生徒が

全体の6.5%存在する、という結果です（文部科学省初等中等教育局特別支援教育課：通常の学級に在籍する発達障害の可能性のある特別な教育的支援を必要とする児童生徒に関する調査、以下、『調査』)。これは、35人学級で考えると1学級におよそ2人の子どもが、学習や生活において著しい困難さを抱えている可能性をもっているということになります。

インクルーシブ教育システムという方向性が示されたと同時に、通常学級に在籍する著しい困難さを抱える6.5%の子どもの存在が明らかになったことにより、インクルーシブ教育システムの推進においては、これら6.5%の子どもたちを対象とした通常学級における特別支援教育の充実が急務とされるようになりました。

そして、これら6.5%の子どもたちもまた、困難さの改善や克服という点から見れば、自立活動による指導を必要する可能性をもっていると考えられるのです。

## 02 通級による指導の現状と潜在的な対象者

2012年の『調査』においては、学習や生活に著しい困難さを抱えている6.5%の子どもたちのうちの93.3%は、通級による指導を受けていないとされていました。では現在、これらの子どもたちのすべてが通常学級に在籍しながら通級による指導を受けているのでしょうか。

文部科学省が2019（令和元）年に行った「通級による指導実施状況調査」によれば、通級指導を受けている児童生徒は、全国に約13万人とされています。

この数は、前年よりも約1万人増となっており、通級指導のニーズが年々高まっていることがわかります（この背景には、2018年から高等学校に通級指導が導入されたことも影響していると考えられます)。

その一方で、「通級指導教室の数は限られており、希望者全員のニーズに応えられず、配慮が行き届かないこともある。」(『読売新聞』2020年8月14日朝刊）という指摘もあります。ここでは、通級による指導を希望しているものの空きがなく指導を受けることができない児童生徒の存在、いわゆる“待機”状態が課題として挙げられています。

教室の設置や人員の確保などの問題により、需要に供給が追いつかないという状況は、恐らく都市部を中心によく見られる現象なのではないかと思われます。

通級指導を受けることができないケースは他にも考えられます。

自校に通級指導教室が設置されていないため、他校で通級指導を受けたいが通うことができないというケースです。つまり、週に1・2回、授業中もしくは放課後に、在籍校から通級指導教室設置校まで移動する手段がない、というような場合です。

教室数や担当者のキャパシティの問題で待機せざるを得ない。また、距離や移動手段などの壁に阻まれ、通級指導を断念せざるを得ない。これらはいずれも、本人や保護者が通級による指導を希望しているにもかかわらず、指導を受けることができないケースです。このような子どもたちは、一体どこで、どのようにして、自立活動による指導を受ければよいのでしょうか。

これに加えて、学校現場でよく話題に上るのが、特別支援教育の校内委員会やケース会において名前は挙がってくるものの、発達検査の受検等において、本人や保護者との合意形成に至らず、(特別支援学級への転籍も含めて)通級指導に向けてのスタートラインに立てないというようなケースです。

このケースは、前出の“希望しているが指導を受けられない”というケースよりも複雑です。障害の理解や受容は、個人や家族の障害観にかかわるデリケートな問題であるがゆえに、じっくりと時間をかけて本人や保護者と話し合い、説明を重ねて合意形成していくことが求められます。解決を望むあまり、早急な判断を迫るような態度は、保護者や本人と学校との信頼関係を損なうことにつながりかねません。

このこと自体はとても大切なことではありますが、話し合いを進めている間も、その子どもが困難さを抱えているという状況は変わりません。結果として困難さへの対応が先延ばしにされる可能性があります。

このような“通級による指導に至っていないものの、学習や生活に困難さを抱えている”子どもは相当数いると考えられます。通常学級の担任の経験がある方は、きっと実感をおもちなのではないでしょうか。現在、担任されている子どもたち何人かの顔が浮かんでいるかもしれませんね。

さまざまな事情によって、通級による指導の対象になっていなくても、学習や生活に対する困難さを抱えている以上、その子どもたちの多くは、自立活動による指導のニーズをもっていると考えたほうが自然です。

それらの子どもたちにも、自立活動の目標にある「学習上又は生活上の困難を主体的に改善・克服するために必要な知識、技能、態度及び習慣を養う」ことが必要とされるのです。

いささか逆説的な表現になってしまいますが、**自立活動の直接的な対象にならない“困難さ”をもつ子どもたちだからこそ、どこかで、誰かが、意図的に自立活動による指導を行う必要がある**といえるのではないでしょうか。

これら自立活動による指導を潜在的に必要としている子どもに対しても行うことができるのが、通常学級における『自立活動』の発想による指導です。

POINT!

**○通級による指導を受けることができない子どもの中には、自立活動による指導を潜在的に必要としている子どもが存在する**

**○これらの子どもに対しては、通常学級における『自立活動』の発想による指導を行うことで支援する**

# 03『自立活動』の発想による指導

## ①指導の“ものさし”

本書では、通常学級における『自立活動』の発想による指導を提案します。対象は、通常学級に在籍する学習又は生活上の困難をもつ子どもたちのすべてです。通級による指導を受けているかどうかは関係ありません。

『自立活動』の発想による指導においては、自立活動の内容（6区分27項目）を指導の“ものさし”として活用します。

例えば、刺激に対して、自分の気持ちを上手にコントロールすることができないで、どんどんヒートアップしてしまう子どもが学級にいるとします。その子どもに対して指導を行うとしたら、どのような指導を行っていきますか。また、これまでどのような指導をみなさんは行ってきましたか。

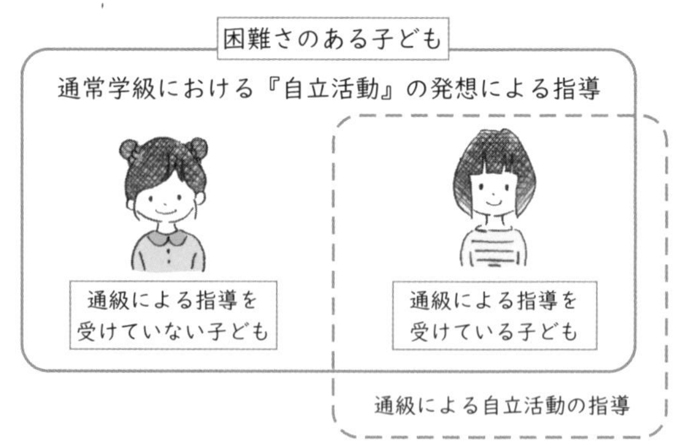


『自立活動』の発想による指導の対象

ここで“ものさし”を活用します。

このケースは、自立活動の区分でいえば、「2心理的な安定」に関係しそうです。そこで、『自立活動編』の該当部分を読んでいきます。そうすると、項目（1）「情緒の安定に関すること」の部分に、次のような例が示されていることに気付くでしょう。

**ADHDのある幼児児童生徒の場合、自分の行動を注意されたときに、反発して興奮を静められなくなることがある。このような場合に**

は、自分を落ち着かせることができる場所に移動してその興奮を静めることや、いったんその場を離れて深呼吸するなどの方法があることを教え、それらを実際に行うことができるように指導することが大切である。

（『自立活動編』61頁＊下線部、二重線は「困難さ」に関する記述、波線は「指導」に関する記述を示す。以下同。）

ここでは、ひとまず障害名は置いておいて、子どもの困難さに焦点を当てていきます。通常学級に在籍する6.5％の子どもたちの中には、診断を受けていない子どもも多いと思われるからです（診断を受けている子どもであれば、記述をそのまま参考にしても構いません）。

この部分には、子どもに対する指導として、クールダウンのために別の場所に移動すること、深呼吸することを教えること、そして、実際にできるように指導することが示されています。この内容は、通常学級でも十分参考になるのではないでしょうか。

このページをもう少し丁寧に読んでみると、次の記述があることもわかりました。

自閉症のある幼児児童生徒で、他者に自分の気持ちを適切な方法で伝えることが難しい場合、自ら自分をたたいてしまうことや、他者に対して不適切な関わり方をしてしまうことがある。こうした場合、自分を落ち着かせることができる場所に移動して、慣れた別の活動に取り組むなどの経験を積み重ねていきながら、その興奮を静める方法を知ることや、様々な感情を表した絵カードやメモなどを用いて自分の気持ちを伝えるなどの手段を身に付けられるように指導することが大切である。

（『自立活動編』61頁）

これは、自閉症のある子どもに対する指導例を示したものですが、感情のヒートアップが暴言や自他への暴力につながるような子どもの場合、こちらの指導のほうが参考になるかもしれません。

クールダウンのために別の場所に移動することは、前の例と同じですが、慣れた活動に取り組むことで、自分を落ち着かせるという新たな方法が示されています。

また、表情カードなどを活用して、自分の気持ちを相手に伝える手段を獲得させることは、予防的な観点からも有効であり、今後必要な指導になり得ると考えられます。

このまま最後の部分まで『自立活動編』を読んでいきましょう。すると、他の項目との関連例として、以下の文章を見つけることができました。

> こうした幼児児童生徒が、自ら情緒的な安定を図り、日常生活や学習に意欲的に取り組むことができるようにするためには、教師が病気の原因を把握した上で、本人の気持ちを理解しようとする態度でかかわることが大切である。その上で、良好な人間関係作りを目指して、集団構成を工夫した小集団で、様々な活動を行ったり、十分にコミュニケーションができるようにしたりすることが重要である。
>
> そこで、心身症のある幼児児童生徒が情緒を安定させ、様々な活動に参加できるようにするためには、この項目に加え、「３人間関係の形成」や「６コミュニケーション」等の区分に示されている項目の中から必要な項目を選定し、それらを相互に関連付けて具体的な指導内容を設定することが大切である。
>
> （『自立活動編』62頁）

ここには、子ども理解の必要性や小集団の効果的活用の有効性が示されています。この部分からも指導のヒントを見つけることができそうですね。関連する自立活動の内容も示されているので、他の該当項目も合わせて読み深めることで、別角度からのアプローチについても着想を得ることができるのではないかと考えます。

この『自立活動』の発想による指導では、通常学級に在籍する学習や生活に困難さをもつ子どもを対象とするということは、すでに述べました。それらの子どもたちの中には、当然ながら発達検査による診断を受けていない子どもも含まれます。この場合は、障害特性に焦点化した指導を行うことは難しいかもしれません。ですから、子どもの困難な状態を「２心理的な安定」という“ものさし”から捉えることで、指導の糸口をつかむのです。

子どもの困難さを、自立活動の内容の６区分27項目という“ものさし”に当てはめて見る。そして、指導の糸口を探っていく。これが、自立活動の内容の“ものさし”としての活用の一つ目です。

また、指導のプロセスの言語化・共有化という意味でも“ものさし”の存在は重要です。これが“ものさし”としての二つ目の活用になります。

これまで、通常学級における特別支援教育を実践するに当たって、課題として感じていたのが、指導のプロセスを言語化したり、共有したりしにくいということでした。

みなさん、あの先生が担任になると、昨年まで大変だった○○さんが嘘みたいによい子になる。そんな先生に出会ったことはありませんか。以下は、そんな先生にまつわる架空のエピソードです。

あの先生が担任になると、ビックリするくらい子どもたちが落ち着く。あなたの学校には、そんな不思議な先輩がいます。

ある日の放課後、あなたは思い切って

「子どもが落ち着く秘訣は何ですか？」

と、直接、その先輩に聞いてみました。すると、

「いやあ、別に特別なことはやってないよ。ははははは（笑）」

と、不思議な先輩は素敵な笑顔と微妙な返事をくれました。

（そんなわけあるか！）

その言葉をグッと飲み込んだあなたでしたが

（やっぱり、経験の差？　それともセンスかしら？）と、かなりのモヤ

モヤを残したままま、その会話を終わらせたのでした。
結局、何も秘訣はわからないまま、その１年は過ぎていきました。
次の年。担任があなたに替わった途端、あんなによい子だった〇〇さんが全く落ち着かなくなってしまい、次第に……。

いささか極端すぎるエピソードかもしれません。ただ、みなさんの中には似たような体験をしたり聞いたりしたことがある方が、きっといるのではないかと思います。一人の教師の能力に依存した指導（その善し悪しは別として）は、つねにこの危険と背中合わせです。言語化できない状態は、共有しにくい状態であるともいえるからです。
ちなみに、特別支援学級や通級指導教室で指導を受ける子どもについて、個別の教育支援計画や個別の指導計画の作成が求められる意味はここにあります。担任や担当が代わっても指導の継続性を担保するということです。ここからも言語化して共有することの重要性がわかります（なお、本書が提案する『自立活動』の発想による指導では、これらの計画の作成については触れません）。
しかし、“ものさし”があれば、状況は変わります。
まず、先ほど登場した不思議な先輩に対しても「秘訣は何ですか？」などと漠然と問うことがなくなります。例えば「〇〇さんの情緒が安定するように、普段からどんな声かけをしていますか」とか「〇〇さんがカッとなったときに、落ち着かせるためにどのような方法を採ることが多いですか」など、自立活動の区分や項目に沿って具体的に質問することが可能になります。
具体的に質問することは、実践者の行動やその意図に対する言語化を促します。言語化ができれば共有もしやすくなります。これは、指導の連続性を担保することにつながっていくでしょう。
また、特別支援教育において、子どもとのかかわりは個別の物語として語られることが多いため一般化が難しいことがあります。
「クールダウンの場所を確保する」というよく聞くフレーズ一つを取っ

てみても、Ａさんにとってのクールダウンの場所とＢさんにとってのクールダウンの場所は違うかもしれません。

ましてや、○○小学校○年○組○番のＣさんにとっての最適解は、その子どもと向き合った人にしかわからないでしょう。

その意味でも、その子どもに特化した指導を言語化し共有していくことは重要です。しかも、漠然と問うのではなく“ものさし”を用いることで、その子どもに特化した指導や個別のかかわりがより焦点化されることになるのです。

POINT!

○『自立活動』の発想による指導では、自立活動の内容（６区分27項目）を指導の“ものさし”として活用する

○“ものさし”の活用は、指導の言語化と共有化を促す

## ②“ものさし”による連携

また、自立活動の内容を“ものさし”とすることは、通常学級の担任と特別支援学級の担任や通級指導の担当との連携も促進します。

“ものさし”をもつということは、共通の視点で子どもを見ることや語ることができるということを意味します。前出の「自分の気持ちを上手にコントロールすることができず、どんどんヒートアップしてしまう子ども」を例に考えてみましょう。

この子どもを「２心理的な安定」という“ものさし”で捉え、担任が指導を構想していきます。ここでの指導は、あくまで担任の主観によるものですから、必ずしもうまくいくとは限りません。そこに客観性を付加していきます。

つまり「２心理的な安定」という“ものさし”を使って、別の人の目からこの子どもを見てもらうのです。例えば、校内の特別支援教育コーディ

ネーターや特別支援学級担任、さらに通級による指導を受けているならば通級指導の担当といった人たちに、です。

コーディネーター目線、特別支援学級担任目線、通級担当目線などから、その子どもについて語ってもらうのです。このことは多様な子ども理解にもつながります。

専門的な知見からのアイデアやアドバイスをもらえたり、異なる“ものさし”から見る必要性について言及してもらえたりすることで、指導の質の向上や発展も期待できるでしょう。

青山新吾氏は、かつて「教育的井戸端会議」*1の大切さについて述べましたが、校内委員会やケース会などの改まった場で行う協議よりも、気軽に子どもについて語り合う機会を増やすほうがより柔軟な指導につながるように思います。そのときに“ものさし”を活用するのです。旧来の井戸端会議で「今日の夕飯、何にする？」といった情報交換がなされたように、“ものさし”を介した個々の子どもの姿が話題に上るようになると素晴らしいと思いませんか。

また、特別支援学級の担任の立場からも“ものさし”の活用は有益です。特別支援学級から通常の学級に交流及び共同学習に来ている子どもに対しても同様のことがいえるからです。“ものさし”を使えば、特別支援学級の担任と通常学級の担任とが、同じ目線で、その子どもについて語ることができるようになります。これには、**特別支援学級の教育を“自分と関係ない特別なもの”にしないという意味で、特別支援学級担任の孤立を防ぐ**という効果が期待できます。

ものさしを持っていれば、誰もがどこでも、長さを測ることができ、同じ長さの直線を引くことができるようになります。

それと同様に、通常学級においても自立活動の“ものさし”を活用することで、その子どもへの指導がより適切なものになったり、共通のものになったり、継続されたものになったりするならば、きっと教師は、子ども

---

＊1　青山新吾『自閉症の子どもへのコミュニケーション指導』明治図書、2005年。

の困難さにもっと多様に向き合うことができるようになるのではないかと思うのです。

POINT!

○“ものさし”を用いた連携により、子どもの困難さに多様に向き合う

## 04 カウンセリングとガイダンスによる指導

『自立活動』の発想による指導では、自立活動の内容を指導の“ものさし”として活用します。そして、その指導場面は大きく、「カウンセリング」と「ガイダンス」の場面に分けられます。

カウンセリングとは、個々の子どもの実態を踏まえて個を対象とし、一人一人の課題に個別に対応した指導を行うものです。

一方、ガイダンスは、個を含む集団を対象とし、集団の場面で必要な指導や援助を行うものといえます。

以下、それぞれの指導について説明していきます。

### ①カウンセリングによる指導

教科書の文章を目で追いながら、音読することができない子どもへのカウンセリングについて考えてみます。ここでは、自立活動の内容の「４環境の把握」にある「(２) 感覚や認知の特性についての理解と対応に関すること」や「(３) 感覚の補助及び代行手段の活用に関すること」が“ものさし”になります。

まず、行を読み飛ばしてしまったり、同じ行を何度も読んでしまったりする場合、何が原因でつまずいているのかを子どもと一緒に探っていくことになります。その上で、改善につながる方法を教え、実際にできるよう指導していきます。

例えば、この場合であれば、自分がどこを読んでいるかわかるように教科書の文章を指で押さえながら読むなどの方法が考えられます。

これを実際にやってみて難しければ、「リーディングルーラー」（読む部分だけを見えるようにする器具のこと）と呼ばれる自助具を提供し、試してみる。または教師側が行う合理的配慮として、教科書を拡大コピーしたものを用意したり、学習者用デジタル教科書の使用を検討したりする。子どもとのカウンセリングを通して、困難さの改善や克服を目指していくことになります。

カウンセリングの場面では、一つの方法だけを提示し、子どもをそれに当てはめるのではなく、複数のオプションを提供し、子ども自身が試行錯誤できるようにした上で、適切なものを選択・決定できるようにすることが望ましいと考えます。子どもに合った学び方は多様であるからです。

そしてやがては、その子ども自身が、必要なときに必要な支援について申し出ることができるようにする。そのような方向性をもって指導を行っていくことは、子どもが自分の力を発揮しながら、よりよく生きていく力を育てることにつながるのではないかと考えます。

この複数のオプションを提供するという発想については「学びのユニバーサルデザイン（Universal Design of Learning：以下、UDL＊2）」の考え方が参考になります。

UDLは、米国の研究機関CASTによって開発されたもので、すべての子どもが学べるための指導を目指しています。UDLでは、できないのは学習者である子どもに問題があるのではなく、子どもが学ぶカリキュラムに問題があるという考え方を採ります。そして、それを取り除くためのガイドラインを示し、オプションと呼ばれる複数の選択肢を学習者に提供することで、問題の改善・克服を図ります。

また、子どもの“学習上の困難さ”に対して、『自立活動』の発想による指導のカウンセリングを行う際に参考にしたいのが、2017（平成29）年

＊2　トレイシー・E・ホール他『UDL 学びのユニバーサルデザイン』東洋館出版社、2018年。

告示の小・中学校学習指導要領です。

今回の改訂から、学習指導要領解説の各教科・領域編には、「障害のある児童への配慮についての事項」が記載されるようになりました。

この項で例として挙げた「教科書の文章を目で追いながら、音読することができない子ども」、つまり読むことに困難さをもつ子どもの姿は、小学校学習指導要領解説国語編（以下、『国語編』）の記述を参考にしています。このような記述です。

> **例えば、国語科における配慮として、次のようなものが考えられる。**
> **・文章を目で追いながら音読することが困難な場合には、自分がどこを読むのかが分かるように教科書の文を指等で押さえながら読むよう促すこと、行間を空けるために拡大コピーをしたものを用意すること、語のまとまりや区切りが分かるように分かち書きされたものを用意すること、読む部分だけが見える自助具（スリット等）を活用することなどの配慮をする。**
>
> **（『国語編』160頁）**

『国語編』にはこの他にも、自分の立場以外の視点で考えたり他者の感情を理解したりするのが困難な場合、声を出して発表することに困難がある場合、人前で話すことへの不安を抱いている場合などの例が示されています。これらは、他の教科・領域の学習指導要領解説においても同様です。『自立活動編』とは異なり、障害の状態ではなく、子どもの困難さに焦点を当てて書かれているので、通常学級の担任にとっては、より利用しやすいのではないでしょうか。学習上の困難さをもつ子どもへの指導に有効に活用したいものです。

『国語編』をはじめとする各教科領域等の解説は『自立活動編』と同様に『自立活動』の発想による指導の力強い味方になってくれることでしょう。価格の手頃さからも『自立活動編』や『国語編』等は手に入れやすく、おすすめです。これらは、文部科学省のホームページから閲覧することも可能です。

## ②ガイダンスによる指導

遊びやゲームのルールを守りにくい子どもがいます。ルールそのものを十分理解していなかったり、勝敗について強いこだわりをもっていたりする子どもです。

このような子どもがいる集団には、ルールを明示したポスターなどを使ってガイダンスを行います。子どもたちにとってわかりやすい言葉で端的に示し、確認します。

その後は、「負けた後あるある」です。

負けた後「誰かのせいにしてしまう」や「怒ってしまう」「勝った方が相手に自慢してしまう」など、負けたときに（特にその子どもに関係して）起こりそうな状況を設定し、そのときどう行動するのかを子どもたちに問い、あるべき姿やありたい姿を共有しておくのです。

これにより、個人では、負けを受け入れられなかったり、望ましい姿をイメージできにくかったりする子どもも、集団の中では多様な（おそらくは望ましい）価値観に触れることができます。

「負けた後あるある」の初期には、「絶対に許さない！」などのネガティブな意見が出ることもあるかもしれません。そんなときも慌てる必要はありません。

「そうか。負けたら誰だって悔しいよね。負けず嫌いな人もいるからね。ねえみんな、そんなときはどうしたらいいと思う？」

と返してみてはどうでしょうか。解決を集団に委ねてみるのです。個人の課題を集団の課題にしていくのです。

長期的にみると、このような経験は、個々の子どもの集団への帰属意識や安心感、集団としての自治機能の向上につながっていくと考えています。これらは、困難さの有無とは関係なく、どの子どもにも当てはまることだといえるでしょう。

また、ここで挙げた例は、自立活動の区分「３人間関係の形成」や「６コミュニケーション」に示されている各項目を“ものさし”にできそうです。

ガイダンスのよさは、対象となる子どもが、多様な価値観に触れることができたり、困難さの改善や克服に向けて集団の力を借りたりすることができるところにあります。

加えて、友だちの困難さを共有することは、学級の他の子どもたちにとっても重要な経験になります。多様性を尊重したり受容したりする態度は、よりよい人間関係や集団づくりには欠かせません。それらは集団の安定を促します。

集団が安定することそのものが、困難さの改善に寄与することも少なくありません。例えば、聴覚に過敏さのある子どもが、ざわついた教室の中でイヤーマフ（耳全体を覆うタイプの防音保護具のこと）などの器具を用いて、自ら対処できる方法を身に付けることは重要です。しかし、集団そのものがざわついていなければ、困難さ自体が発生せずにすむのです。その意味で、個を含む集団に働きかけるガイダンスは、学級経営とも深く関連する指導といえるでしょう。

これらのカウンセリングとガイダンスの機能を使い分け、あるいは組み合わせて、通常学級における『自立活動』の発想による指導は進んでいくことになります。個への指導と個を含む集団への指導の双方から、学習や生活に対する困難さの改善・克服を図っていきます。

第３章では、『自立活動』の発想による指導の実際をみていきましょう。

POINT!

**○『自立活動』の発想による指導は、カウンセリングとガイダンスによって行われる**

**○カウンセリングは個をガイダンスはその個を含む集団を対象とする**

# 第3章

# 『自立活動』の発想による指導の実際

通常学級における『自立活動』の発想による指導では、自立活動の内容を“ものさし”として、カウンセリングとガイダンスの双方から指導を行っていきます。

通常の教育課程には、自立活動の時間は位置付けられていないため、教科・領域等の授業を含む、学校の教育活動全体を通して行うことになります。

指導場面については、授業外における指導と授業内における指導、そして授業内と授業外における指導を組み合わせて行う形が考えられます。

以下、『自立活動』の発想による指導の実際を紹介していきます。

なお、各エピソードは、実際の指導に基づいて記述しています。登場する子どもについては、発達検査を受けている子どももいれば、受けていない子どももいます。本章では、困難さをもつという点から取り上げているため、各エピソードにおいて個々の診断名は示していません。予めお断りしておきます。

# 01 授業外における指導の実際

## エピソード1 ダメ人間

対　象：A児（小学5年生）
形　態：カウンセリング
自立活動の内容及び“ものさし”
　6コミュニケーション(2)言語の受容と表出
　2心理的な安定(1)情緒の安定
　3人間関係の形成(2)他者の意図や感情の理解

上記の自立活動の内容の表記順については、主たる指導内容が先になるようにしています。また、エピソード内にある“2-(1)”等の表記は、区分2「心理的な安定」内の項目(1)「情緒の安定に関すること」を表しています。以下、同様です。

注意を受けたり、失敗したりすると必要以上に感情的になり、不安定な状態になってしまうＡさんがいます。

掃除時間、掃除をするように友だちがＡさんに注意したところ、Ａさんは、急に怒り出し、大声で泣きはじめてしまいました。どうしたらいいかわからなくなった子どもたちは、担任の先生のところへ助けを求めにやって来ました。やって来た子どもから簡単に事情を聞き取り、掃除場所に向かいます。

担任がその場所に行ってみると、そこには、大きな声で泣いているＡさんの姿がありました。周りの子どもは、遠巻きにＡさんを見ています。担任は「大丈夫？」とＡさんに近付き、声をかけてみましたが返事はなく、興奮は収まりません。

そこで、担任はＡさんを連れて近くの空き教室に行くことにしました。Ａさんは、まだ泣き続けています。

**担任**「どうしたの？」
**Ａ児**（泣いている）
**担任**「何かあったのかな？」
**Ａ児**「掃除ができないダメ人間だ！って言われた！」

★困難さ①６-⑵、２-⑴

**担任**「誰が、何て、言ったの？」

**A児**「〇〇さんが！　ちゃんと掃除をしないとダメだって！」

**担任**「Ａさんは、掃除をしてなかったの？」

**A児**「ぼくはちゃんとしていた！　でも、ダメだって！」

**担任**「〇〇さんには、掃除をしていないように見えたのかもしれないよ」

**A児**「ぼくはちゃんとしてたんだ！　ぼくは何もできないダメ人間だ！」

★困難さ② 2-⑴、3-⑵、6-⑵

**担任**（間をとる）

**A児**「……」

**担任**「そうか。Ａさんは、ちゃんと掃除してたんだよね」

**A児**「ちゃんとしてた……」

**担任**「でも、掃除はあんまり得意じゃないのかな？　まあ、苦手なことは誰でもあるけどね」

**A児**「……」

**担任**「でも、〇〇さんに、ちゃんと掃除していないように思われたのは、悲しかったし、悔しいよね」

☆指導①

**A児**「……」

**担任**「でもね……、何で、〇〇さんはＡさんが掃除してないって勘違いしちゃったんだろう……。あの〇〇さんがねぇ。珍しい……。何か心当たりはない？」

☆指導②

**A児**「……多分、ほうきで遊んでたからだと思う」

**担任**「えっそうなんだ？　でも、ずっと、じゃないんでしょ」

**A児**「うん、ちょっとだけ……」

**担任**「ちょっとだけ、なんだね。だろうね。そう思うよ。それをたまたま見られちゃったんだ。残念だったね。やらなきゃよかったね」

☆指導③

**A児**「はい……」

**担任**「今日は、もう掃除止めとくかい？」
**Ａ児**「いいえ、できます」
**担任**「そりゃあ、みんな助かるよ。今度はうまくできるといいね」

☆指導④

　このエピソードには頻繁に「ダメ人間」という言葉が出てきます。この言葉は、友だちがＡさんに対して発した言葉ではありません。友だちは、ほうきで遊んでいるＡさんに対して「ちゃんと掃除をしないといけない」と注意しただけです（強い口調であったことは事実ですが）。

　友だちからの注意の言葉を受け取ったＡさんが、それを自分なりに解釈した上で「掃除ができない自分はダメ人間である」と結論付け、「ダメ人間」という言葉を自ら発しているのです。

　この場面において、Ａさんの不安定な状態は、「ダメ人間」という言葉によって、どんどん増幅されていきました。

　実は当時のＡさんは、何かにつけてこの「ダメ人間」という言葉を連発していたのです。できない自分を自覚するたびに、自己肯定感が低くなり、どんどん自信をなくしていく、そのような循環に陥っていたのでした。

　ここにＡさんの抱える困難さを見ることができます（★困難さ①・②）。つまり、相手の意図や感情を理解する力、言葉を受け取ったり表現したりする力が弱いのです。その結果として、不安定になってしまうのです。

　そこで、①から④の指導を行うことにしました。

　☆指導①は、状況の整理です。Ａさんの理解は、「自分はきちんと掃除をしていたのに、友だちに注意された。だから、自分はダメ人間である」というものです。このダメ人間という自分の言葉に反応して、興奮しているのです。実際のところは“自分はきちんと掃除をしているつもりだったのに、友だちに注意された。そのことが悲しいし、くやしい”から泣いている、と捉えるほうが近いのではないかと思われます。そのことを丁寧に教師が言語化してＡさんに届け、Ａさんと共有することで状況を整理していきました。

そして☆指導②・③では、因果関係を確認しています。Ａさんがほうきで遊んでいたことが、この騒動のそもそもの出発点であることは明かです。落ち着いて考えてみれば、本人にも思い当たることはあるのです。しかし、因果関係を失念してしまったことで、友だちの注意の意図を十分理解できないまま、あたかも不当な注意を受けているように捉えてしまった。その結果としてのダメ人間発言です。

②・③の指導によって、この出来事の因果関係を明らかにし、この後のＡさんの取るべき行動を示しました。

☆指導④は、他者の感情の理解の促しと改善への意欲喚起です。掃除はやるべきものであるし、Ａさんが掃除を頑張ってくれるとみんなもうれしいのです。今回は、たまたま失敗してしまいました。でも、やり直せばよいのです。挽回のチャンスはいくらでもあるのですから。

教師には、その都度、粘り強く言葉を届けていくことが求められるでしょう。しかし、自分と徹底的に関わってくれる大人の存在は、理解者を必要とするＡさんのような子どもにとって必要です。大人とのかかわりを通して、人との関わり方や物事の捉え方、考え方などを学ぶことができるからです。その意味で、教師の果たす役割は大きいといえるでしょう。

はじめは興奮状態にあったＡさんでしたが、カウンセリングを通して徐々に落ち着き、最終的には掃除場所に戻ることができました。

この後も、Ａさんとは学校生活のさまざまな場面で、何度も何度も同じようなやりとりをすることになります。相手の言動に対するＡさんの解釈や認識が不十分なものであったり、誤ったものであったりした場合は、その都度、状況を確認したり整理したりしていきました。この指導は、Ａさんが自分自身で、自分の考え方を確認したり整理したりすることにもつながっていったように思います。

そして、少しずつＡさんの中から「ダメ人間」という言葉が消えていきました。それに合わせるように、情緒的に落ち着いて過ごせる時間も増えていったのです。

## エピソード２ やめないといけない。でも、やめられなかった

対　象：Ｂ児（小学３年生）
形　態：カウンセリング
自立活動の内容及び“ものさし”
　２心理的な安定⑴情緒の安定
　　　　　　　　⑵状況の理解と変化への対応

Ｂさんがまた教室で暴れている、というインターホンが職員室に入りました。

急いで３年生の教室に行くと、担任の先生が暴れるＢさんを押さえています。どちらかといえば小柄なＢさんですが、手足をばたつかせ、泣きながら暴れている様子はなかなかの迫力で、子どもたちの多くは心配そうに、数人の男の子は（またか）というような目で眺めています。

恐らく、この環境の中ではパニックは収まらないでしょう。そこで、刺激の少ない近くの空き教室に連れていこうと考えました。

担任の先生に許可を得て、Ｂさんを抱きかかえます。抱きかかえる瞬間Ｂさんは暴れましたが、グッと力を込めると、スーッと力が抜けていきました。そして、泣き続けているＢさんと一緒に空き教室に入りました。

まず、教室後方の床に直接Bさんを座らせて、様子を見ることにしました。

しばらくすると、思い出したように大きな声でBさんは泣き出しました。そのまま床に寝転がって、手足をバタバタさせはじめます。フラッシュバックでしょうか。怪我だけはしないよう、近くにあった机や椅子をさらに遠ざけ、見守ることにしました。

……バタバタが止まってしばらくして、声をかけます。

「後５分、頑張って泣いてもいいよ」

その声を聞くと、Bさんはさらに大きな声で泣き出しました。素直な反応です。声に反応して泣き出したことから、こちらの声が届いていることがわかりました。声が届いているなら、パニックのピークは過ぎたと判断しても大丈夫でしょう。

３分ほど経った頃、泣き声の波が引いていくのがわかりました。泣き疲れたようです。少しずつカウンセリングに向けての準備を進めることにしました。

「後２分で、話を聞きます」

30秒ごとにカウントを入れ、これから“話を聞くこと”を予告していきます。カウントの瞬間、少しだけ泣き声は大きくなるのですが、もう長続きはしません。教師の声もしっかり、届いていることがわかりました。静かな時間が続くようになりました。

予定の５分が経過しました。心なしかBさんはぐったりとしています。５分間も頑張って泣いたのだから無理もありません。

**教師**「で。どうしたの？」

**B児**「……」

**教師**「〇〇さんと何かあった？（日頃からトラブルになりやすい子どもの名前を挙げてみる）」

**B児**「……」

**教師**「じゃあ、△△さん？」

**B児**（首を振る）

**教師**「じゃあ、何だろう……？」
**Ｂ児**「……折り紙」
**教師**「ああ、折り紙ね。うまく作れなかった？」
**Ｂ児**（首を振る）
**教師**「折り紙をもらえなかった？」
**Ｂ児**（首を振る）
**教師**「時間が来ちゃったとか？」
**Ｂ児**（うなずく）

カウンセリングを進めていく中で、今回のＢさんを巡る一連の出来事の輪郭がはっきりとしてきました。

昼休みに教室でキャラクターの折り紙を折ろうとしていたこと。折り紙の本から折りたいものを決めるのに時間がかかったこと。折り方が思いの外難しく、完成しないまま５時間目の予鈴が鳴ってしまったこと。授業が始まるまでは続けてもいいと思ったこと。チャイムが鳴って授業が始まってしまったこと。担任の先生が「もう、やめよう」と言ったこと。「やめないといけない」でも「やめられなかった」こと（★困難さ①２-⑵）。気付いたら暴れていたこと。（★困難さ②２-⑴）

**教師**「〇〇先生は、授業したかったんだな。先生はわかるなぁ。授業は大切だからね」
**Ｂ児**「……」
**教師**「でも、Ｂさんは、折り紙をやりたかった。まあ気持ちはわかる。暴れたのはダメだけどね」
**Ｂ児**（うなずく）
**教師**「で。どうする？」
**Ｂ児**「ん？」
**教師**「１番。このまま教室に戻って授業。これが最高。２番。先生と折り紙を完成させてから復活。これも悪くはない。３番。このままずっとここにいる。あまりオススメはしない。でも、どうしてもってときは、これもあり。さあ！どうしよう？」

B児「……帰る」

教室に帰る途中、図書館に寄り道をすることにしました。Bさんの顔は、涙と鼻水でグチャグチャだったからです。

「鼻を思いっきりかんで、イヤな気持ちを追い出そう。それっ！」

これは、パニックの後のいつものルーティン。ティシュッペーパーをくださった司書の先生にお礼の言葉も言えました。そして、Bさんは教室に戻っていきました。……折り紙は、次の休み時間に完成させることができたそうです。

Bさんの困難さは、理屈と感情の折り合いをつけることが難しいところにあります（★困難さ①・②)。授業が始まったら、折り紙はやめないといけないことはわかっているのです。でも、やりたい気持ちを抑えられない。その葛藤が今回のパニックの原因だと考えられます。また、予鈴以降"時間に追い立てられるような"感覚に陥ってしまったことも推察されます。これもまた、パニックの誘発理由の一つと考えられます。

パニックだけに注目すると、このエピソードは、パニックからどのように回復したか（させたか）を示す事例と捉えることができるでしょう。実際の指導においても、状況の変化への対応が進むよう、気持ちを聞き取ったり、教室復帰の方法を提示したりしています。

ここで、指導中のBさんの発言に焦点を当ててみましょう。すると、Bさんが発している言葉は、単語レベルに終始していることに気付きます。つまり、自分の気持ちを言語化することや相手に言語化して伝える力が未だ十分に育っていないのです。この点は、エピソード1「ダメ人間」のAさんと酷似しています。

もし、予鈴の時点で一言誰かに伝えることができたら。担任の先生に「やめよう」と言われたときに、自分の思いを話すことができていたら。きっと感情を爆発させることもなく、パニックまで至らなかったのではないかと思うのです。3年生（しかも5月の出来事でした）という学年を考えると、ある程度は仕方ないかなと思います。しかし、このままでいいとも思えないのです。

この点に関して、当時の指導メモを見ると、次のように記録されていました。そこには“思いを伝える手段として泣く・暴れる行為は相応しくない”とあり、続けて“思いは受容するが、行為は認められない”と記されています。さらに“心情の言語化”という項目があり“共感・受容・類推”という言葉や“思いを言葉で伝えるよさ”という走り書きが残っていました。

このエピソードの中に、パニックが収まるまでＢさんを見守り、５分後に指導を開始するという場面があります。メモの記述に従えば、これは、Ｂさんが泣いたり暴れたりする行為を無視した対応であったということになります。そして、その後の一連の対応には、受容や共感、推察することを通して、Ｂさんの心情を整理した上で、思いを言葉で伝えることのよさを伝えようという意図があったことがわかります。

はじめは、教師主導で心情の言語化が進んでいったとしても、やがてＢさん自身が、自分の感情を紐解き、言葉に置き換えることができるようになれば、Ｂさんの困難さを改善していくための大きな力になると考えます。そのために今後は「６コミュニケーション」にある項目⑴「コミュニケーションの基礎的能力」をＢさんに育てていく必要があるでしょう。

この一連の指導について、担任の先生に報告する際、指導の意図も合わせて伝えました。この１回の指導だけで、Ｂさんが変容することは有り得ません。長期的・継続的な指導の必要性を共有しました。

Ｂさんはこの後も大爆発や小爆発を繰り返していきます。理屈と感情の折り合いを付けることができるようになるには、自分の思いを言語化して伝えることができるようになるには、長い時間を必要としました。それでも、徐々にパニックの回数は少なくなり、パニックからの回復も早くなっていきました。

パニックをどう収めるかだけではなく、感情を自己コントロールしていくためには、どのような力を育てることが必要か。そこに目を向けていくことが、困難さの改善や克服に結び付いていきます。そのために、心情の言語化という作業は大きな役割を果たすと考えています。

また、Bさんの心理的な安定のためには、周囲の子どもたちのかかわりも重要な要素になってきます。このエピソードの冒頭には、Bさんがパニックになったとき（またか）という感じで眺めていた男の子が登場します。これらの子どもたちを含む学級に対するガイダンスが別途必要です。Bさんに対する周囲の理解が進めば、さらに心理的な安定が促進されると考えられるからです。

## エピソード3 シャツ王子

対　象：個人・学級（小学2年生）
形　態：カウンセリング・ガイダンス
自立活動の内容及び“ものさし”
　1健康の保持(1)生活のリズムや生活習慣の形成

体育の時間が終わりました。子どもたちは教室に戻り、制服に着替えています。サッと着替えを終わらせる子ども、ゆっくりのんびり友だちとお喋りしながら着替える子どもなど、さまざまです。

スピード至上主義のある子どもは、素早く体操服を脱ぐとクシャクシャに丸め、そのまま体操服を入れる袋に突っ込んでいます。ズボンも同様の扱いです。体操服袋は、あっという間にボールみたいに丸く膨らんでしまいました。そのまま、ロッカーに放り込むものですから、今にも転がり落ちそうです。今のところ、絶妙なバランスを保ちながら、何とかロッカー内に収まっています。

同じような状態のロッカーは他にも多く見られ、２年生のこの学級には、身の回りの整理整頓や片付けを苦手とする子どもが相当数いることがうかがえます。

着替えた後の体操服やロッカー内の整頓もそうですが、担任の先生には、他にも気になることがありました。更衣後の身だしなみについてです。特に男子に顕著に見られる現象で、制服のポロシャツの裾がズボンの中に収まっておらず、そのためポロシャツの裾の下から下着がのぞいているのです。当の本人たちは大らかなもので、全く気にする素振りを見せません。しかし、担任目線で見ると、どうしてもだらしなく感じてしまうのです。こういった細かいことを気にしないことが、丸まった体操服袋や乱雑なロッカーにつながっているのではないかとも疑っています。

また、この学校では、年に何度か“身なりを整えよう”という生活目標が設定されることもありました。そのことも踏まえて、担任は気が付く度に声をかけるようにしていましたが、なかなか改善の気配は見られないのです……。

身の回りの整理整頓が苦手だったり、身だしなみが整いにくかったりする子どもがいます（★困難さ①１-⑴）。周囲にものすごく迷惑をかけることもないためか、本人たちもあまり気にしていないことが多いように思います。そのため、教師の指導も入りにくく、結果として同じような指導が繰り返されることになります。あまりしつこく注意しすぎると（またか……）という気持ちが子どもに芽生え、担任との人間関係にも影響を及ぼしかねません。みなさんなら、子どもたちとどのようなかかわりをされるでしょうか。

担任の先生への支援も兼ねて、この学級の子どもたちには、次のような方法でかかわっていくことにしました。

**教師**「（シャツの裾が出ている男の子を見つけて、すれ違いざまに）ねぇ。さっきは何の授業だったの？」
**児童**「体育です」
**教師**「そう。何やったの？」
**児童**「マット運動です」
**教師**「そうか。楽しかったかな？」
**児童**「はい！」
**教師**「よかった！　ところで（シャツを指さして）。シャツ出してるのカッコいいね。流行ってるの？」
**児童**「（注意されると思ってか）……いいえ」
**教師**「いやいや、なかなかカッコいいよ。そうだ！　今日からシャツを出している人を“シャツ王子”と呼ぶことにしよう！　じゃあ、シャツ王子！勉強頑張って！（立ち去る）」
**児童**「？？？」

このときから、シャツを裾から出している子どもを見つけると「おっ！シャツ王子！」と声をかけるようにしました（☆指導①）。男女分け隔てなく、です（王女との使い分けは、ややこしくなるのでやめました）。

不思議なもので、シャツ王子と声をかけられた子どもは一応に、苦笑しながらもゴソゴソとポロシャツの裾をズボンやスカートに押し込むようになりました。こちらからは他には何も言いません。ただただ笑顔で見守るだけです。そのうち、“王子”という言葉だけで事足りるようになりました。

最終的に子どもたちは、教師の顔を見ただけでニコニコしながらポロシャツを直すようになりました。注意するチャンス！と思った矢先に肩すかし、という場面が多く繰り返されるようになると、身だしなみ問題はゆるやかに解決に向かっていきました。

その後も身なりに対する意識が薄れると再び“シャツ王子”が登場することになります。担任の先生も「あっ“シャツ王子”！」と合わせてくれるようになりました。なぜかはわからないけれど、注意されるほうもするほうも、みんな笑顔になりました。

子どもの困難さに向き合うときに心の隅に置いていることがあります。それは、困難な状態を面白がるということです。これは、決して困難さを抱えている子どもを馬鹿にすることではありません。この点は、誤解なきようにお願いします。言い換えれば、“子どもも、教師も、困難さと上手に付き合っていこう”という発想です。

困難さと対峙するとき、教師は「何とかしなくては！」「この指導にこの子どもの将来がかかっているんだ！」などという強い使命感に見舞われることがあります。これは子どもと向き合う教師の意志、覚悟の表れであり、それ自体を否定するつもりはありません。しかし、使命感も度を超すと子どもの思いを無視した一方的な指導になってしまうことがあります。

また、「何でできないんだ！」とか「できない自分はダメなんだ……」という感情を教師や子どもの中に生み出したりしてしまうこともあります。この状況は、お互いにとって決してよいものではありません。**子どものもつ困難さを改善・克服すべき対象としてのみ捉えることは、指導にある種の息苦しさを招く**のです。

以前、担任した子ども（２年生）の中に、過剰な不安感をもつ子どもがいました。お喋り好きの小柄な女の子でしたが、何をするにも確認せずにいられないのです。授業中何かの作業の指示をすると、間髪を入れず「先生、先生、先生！」の声が飛んできます。

「はじめに○○やって」

「先生、先生、先生！　何やるの？」

「次は△△」

「先生、先生、先生！　これでいい？」

休み時間も同様で「先生、先生、先生！　これ見て！」「先生、先生、先生！　このやり方で合ってる？」「先生、先生、先生！」「先生、先生、先生！」……一事が万事この調子なのです。

それでも、この子どもと二人きりのときなら構わないのです。しかし、他の子どもの話も聞きたいし、休み時間にはプリントの丸付けもしたい。そんなときだってあるじゃないですか。次第に持て余すようになってしまいました。

そんなある日、フッと思ったのです。（この子は1日に何回“先生”と言うのだろうか）と。思いついたら、確かめたくなりました。

次の朝、子どもたちが登校してきました。しばらくして、その子どもが教室に入って来ました。

「先生、先生、先生！　おはようございます」

（まず、3回）と。始まりました。カウントスタートです。

算数の時間。「先生、先生、先生！　これでいいですか？」（はい、18回）

休み時間。「先生、先生、先生！　今図書館に行っていいの？」（これで、27回）

こうなると俄然面白くなってきます。いつもなら閉口気味だったはずの「先生、先生、先生！」の言葉に対して、（よし！もっと言え！）という感覚になります。不思議な高揚感が生まれ“先生”という言葉が出るのを心待ちにするようになるのです。

その後も、授業中も休み時間も気付かれないように、“先生”の回数を表す“正”の字をノートに記録し続けました。こうして、午前中だけで66回の“先生”をカウントすることができました。

……午後からは記録をとることはやめました。さすがに、本来の業務に復帰すべきなのではないか、と我に返ったからです。

この物語は、困難さに対する捉え方を変えることの重要性を示唆しています。教師の使命感が、疲労感や諦念、子どもへの重圧にならないためにも、自分を客観的に保つためにも、“面白がる”感覚をどこかにもっておくべきです。この感覚は、その子どもに対する興味や関心を強化します。

指導にも余裕が生まれます。

繰り返しますが、これは決してその子どもの困難さを馬鹿にすることではありません。

かつて「先生はゆったりとした空気を出してくれました」と評してくれた教え子がいます。“シャツ王子”という言葉は、子どもとの空間にゆったりとした空気を生み出してくれたように思います。その空気はゆるやかに広がっていき、身だしなみの改善を促しました。注意する側とされる側という関係ではなく、子どもと教師とが一体感を感じている奇妙な空間。しかし、その空間の居心地は決して悪いものではありませんでした。

# 02 授業内における指導の実際

## エピソード４ で。どうしようか？

対　象：C児（小学４年生）
形　態：カウンセリング
自立活動の内容及び“ものさし”
　３人間関係の形成⑵他者の意図や感情の理解
　　　　　　　　　⑶自己の理解と行動の調整

相手の気持ちを読み取ったり、自分の行動が相手に与える影響について考えたりすることが苦手な子どもがいます。４年生のCさんも、そのような子どもでした。

その日の社会科の授業は、先日見学した浄水場についてわかったことを、グループ毎にポスターにまとめるというものでした。完成したポスターは、後日、発表会で使用されることになります。

授業の流れを担任が説明した後、グループに分かれての活動が始まりました。説明文を考える子ども、イラストを描いている子ども、写真を選んでいる子ども、それぞれの役割に応じて作業が進んでいきます。

しばらくすると、ある女の子がやってきました。Cさんと同じグループの子どもです。話を聞いてみると、Cさんが勝手な絵を描いて困っている、注意しても聞いてくれない、というものでした。

一緒に作業スペースに戻り、こっそり様子を観察することにしました。すると、女の子の言う通り、熱心に絵を描いているCさんの姿がありました。自分の好きなアニメのキャラクターを描いているようです。

「Cさん」と後ろから声をかけると、びっくりしたように振り返りました。担任の顔を認めると、みるみる「しまった……」という表情に変わっていきます。

〈場面1〉

担任「○○さんがね、話があるって来たんだよ。何か心当たりはありませんか？」

C児「……勝手な絵を描いてたからだと思う……」

担任「そうなんだ。勝手な絵を描いていたから、○○さんは困っていたんだね。他には？」

C児「注意されても、聞かなかったから…………」

担任「そうか。○○さんは注意してくれてたんだね。でも、聞かなかった。そりゃあ、○○さんも困っただろうねえ。失敗だったね。気を付けなよ」

C児「……はい」

〈場面2〉

担任「で。どうしようか？」

☆指導①

C児「協力してやります」

担任「なるほど。協力って大事だもんね。なるほどね。……ところで、協力するって、何をすることなのかな」

☆指導②

C児「注意されたら、すぐやめます」

担任「注意されたらやめる」か、大切なことだね。人間、間違うこともあるからね。他には、何かありますか？」

☆指導③

C児「……」

★困難さ① 3-(2)、3-(3)

担任「例えば、ね。Cさんの描きたいこととグループの人たちが描いてほしいことが違うことだってあるでしょう？　そんなときは、どうしますか？」

☆指導④

C児「描く前に相談します」

担任「確かに、描く前に相談しておくと、いいかもしれないね。でも、Cさんが描きたい絵を『ダメって』言われるかもしれないよ。どうしようか？」

☆指導⑤

C児「我慢します」

担任「その方法もあるね。でも、我慢ばかりしてるとストレスが溜まるんじゃないかな？　大丈夫かな？」

☆指導⑥

C児「……」

★困難さ② 3-(2)、3-(3)

担任「じゃあもし、描きたい絵のことで困ることがあったら、先生のところにおいでよ。みんなにもそう話しておくから。いいかな？」
C児「はい」

10分ほどのカウンセリングによる指導場面ですが、二つの場面に分けて考えてみます。

〈場面1〉は、事実の確認です。今回は、現行犯（笑）だったこともあり、スムーズに進みました。友だちからの注意を聞かず、グループの共有物に、自分勝手な絵を描いたことが問題である、という意識をCさんはもっていることがわかりました。それで十分です。ですから、Cさんの行動に対する叱責はこれで終わりです。やってしまった事実は変えられません。理由を問う方法もありますが、その真意を確かめる術がないことや、そもそも十分言語化できなかったりすることから、あまりネチネチやらないようにしています。

大切にしたいのはここからの指導です。この先どうするのか、という指導に移行していきます。

〈場面2〉のCさんの言葉を見ていくと、「協力する」「注意を聞く」「相談する」「我慢する」となかなか殊勝な言葉が並んでいます。これらの言葉は、反省の意と取れないこともないので悪くはないでしょう。

悪くはないのですが、担任の言葉に対して、単に反射的に答えているような印象を受けるのです。紋切り型とでもいうのでしょうか。

推察してみます。

Cさんはこれまで、似たような場面を、文字通り山ほど経験してきたはずです。その都度指導を受け、それに対応してきました。ですから、教師の問いかけに対する模範的な回答例集をすでにもっていてもおかしくないのです。Cさんは自分でも気付かないうちに、“指導を受けるプロフェッショナル”になっている可能性があります。この推察は、Cさんの行動がこれまで十分改善されていないことからも、あながち間違っていないように思います。

また上の場面で、★困難さ①・②として挙げた反応をみると、想定外の質問に対しては、回答できていないことがわかります。自分の行為によって引き起こされる相手の感情や反応をイメージし、それに適切に対応する力を子どもに育てたいのであれば、「悪いことをしたら、どうするの？」→「謝ります」といった定型のやりとりの繰り返しに留まっていては、十分とはいえません。

☆指導①〜⑥では、さまざまな問題場面の想定をし、Ｃさんに考えてもらっています。「こんなとき、どうするのか（または、どうしたらいいのか）」「他に起こりうる問題はないのか」について教師が問い、Ｃさんが答える。さらに教師が、その答えを評価したり、足りない部分を補ったりしていく。

この一連のプロセスが、やがて他者の力を借りずに、Ｃさんの中で再生されるようになれば、人間関係やコミュニケーションに関する困難さの改善や克服に近付いていくのではないかと考えます。

指導を受けるプロフェッショナルを育てることが『自立活動』の発想による指導の目的ではありません。困難さの改善や克服に向けて、子どもに何が必要か、そのために何をすべきかにこそ、教師は注力すべきではないでしょうか。

## エピソード５ 今日のルールって、何だっけ？

対　象：Ｄ児（小学３年生）・学級
形　態：カウンセリング・ガイダンス
自立活動の内容及び“ものさし”
　３人間関係の形成⑶自己の理解と行動の調整
　　　　　　　　　⑷集団への参加の基礎

３年１組の朝の会には、“今日のルール”というコーナーがあります。「今日のめあて」のようなものをイメージしてもらうとわかりやすいかもしれません。ただ、今日のめあてには「１時間に１回は発表しよう」とか「廊下を静かに歩こう」など学習や生活に関するものが多いのに対し、今日のルール*3では、人間の生き方や他者との関わり方に関するものを設定しています。学年はじめに、学級のみんなで約40種類のポスターを作り、その内の１枚を日直が選んで朝の会で紹介し、その日１日掲示しておきます。

ある日の算数の時間のことでした。担任の先生が前回行ったテストを返却し、間違いを直すよう指示しました。その後、個別に指導を行っている中で、全くテスト直しをしていないＤさんに気付きました。

**担任**「間違いは赤で直すんだよ」

**Ｄ児**「……赤で直すのはイヤだ！」

**担任**「イヤなんだ。どうして？」

**Ｄ児**「（テスト用紙が）汚くなる！」

★困難さ① 3 - ⑶

**担任**「そう。汚くなるのが嫌なんだね。なるほど。間違いを赤で直すのって大切だって、先生は思うけどなぁ」

**Ｄ児**「……」

＊3　作成にあたっては、ロン・クラーク『みんなのためのルールブック　あたりまえだけど、とても大切なこと』（草思社、2004年）を参考にしました。

**担任**「……ところで」
**Ｄ児**「？」
**担任**「ところで、『今日のルールって、何だったっけ？』」
☆指導① 3 - (4)
**Ｄ児**「……『間違いを受け入れよう』」
**担任**「……で。この問題だけど、どうする？」
**Ｄ児**（ゆっくりと赤鉛筆を筆箱から出して、答えを直しはじめる）
**担任**「そう。間違いを受け入れるって大切だよね。自分で気付いたんだ。それも、また立派だね」

Ｄさんは、若干プンプンしながらも、テスト直しをすることができました。幸いなことにこの後Ｄさんの苛立ちは収まり、崩れることはありませんでした。

Ｄさんは、自分の思いが強く、なかなか行動を修正することができません（★困難さ①）。また、良くも悪くも論理的に思考してしまう子どもです。この場面では、教室の全員が守るべきルールについて、振り返らせたことにより（☆指導①）、Ｄさんの「ルールは守るべきもの」という気付きを促しました。その結果、Ｄさんは、論理的な思考の帰着として、テスト直しを行うことができたと考えられます。

これは、Ｄさんに対するカウンセリングの場面ですが、重要なことは、「今日のルール」というガイダンスを、事前に（年度はじめから）、そして全体に行っているという点です。さらに付け加えるなら、反復して、です。

暗黙の了解が苦手な子どもがいます。「○年生らしく」とか「○年生だったら、どうしたらいいかわかるでしょう？」このような問いかけに対して、明確なイメージをもつことができない子どもです。

常識だと思われるルールを、場当たり的に、一方的に教師が示すのではありません。然るべき手順を踏んだ上で学級全体に示し、ルールを共有できるものにしておくことが重要です。それが前提となっているからこそ、上記の指導が成り立つのです。

このエピソードにおいて、間違いを直そうとしないDさんに対して、「間違いは赤で直すものだ！」とか「間違いは、直すのが当たり前だ！」といった指導を行っていたら、どうなっていたでしょうか。火に油を注ぐ結果になったのではないでしょうか。どう考えても、明るい未来図は浮かんでこないのです……。

学級で共有するルールとして機能していたからこそ、かろうじて（これは、若干の苛つきがあったことからも推察できます）、Dさんは答え直しをすることができました。これは、自己の理解と行動の調整という点で称賛に値する行動です。

また、学級全員が守るべきルールである以上、学級の一員である自分も守るべきである、と思考することは、社会性を獲得していく上でも必要な経験であると考えます。

このように書くと、学級全体に明確なルールを設定して、子どもをその型にはめていけば社会性が育つのだ、と考えてしまうかもしれません。

しかし、それだけではないのです。ルールを遵守する経験は必要ですが、それは最上の価値をもつものではありません。ルールを受け入れられる個の物語もあれば、ルールを受け入れられない個の物語もまた存在するからです。

このエピソードでは、結果としてDさんはテスト直しをすることができました。しかし、できない子どももいて当然です。仮に、Dさんができなければ別の方法を採ったでしょう。

例えば、「（テスト用紙が）汚くなる」ことが嫌なのであれば、ノートや別の紙、未使用のテスト用紙に直させることでも構わないわけです。学習上の間違いを修正することがテスト直しの本来の目的なのですから、複数の方法を提示して、「どれだったらできそうかな？」と一緒に考えることもできるのです。どうしたいか、その方法をDさんに直接聞いてもいいでしょう。今日のルールは「間違いを受け入れよう」であり、決して「赤鉛筆でテスト直しをしよう」ではないのです。

そもそも、ルールは何のためにあるのでしょうか。秩序の維持、規律の確立といった、単に同じ状態を子どもたちに強いることが主たる目的なのでしょうか。

ルールにそういった機能があることは事実です。しかし、ルールを守ると学びやすくなったり、暮らしやすくなったりする、つまり**「ルールを守るといいことがある」という感覚を養うことのほうが大切**ではないかと考えます。特に小学校のうちには、です。

その意味で、行きすぎた「〇〇スタンダード」には、一考の余地があると考えます。子どもをコントロールするという目的から、このようなルールの徹底が求められた場合、Ｄさんのようにこだわりの強い子どもは、適応できないことがあるからです。

その結果、ルールを守れないＤさん→教師からの注意の増加→Ｄさんの自己肯定感の低下→周りの子どもたちの（また、Ｄさんか）という視線→さらなる自己肯定感の低下……といった負の連鎖が生まれる可能性が十分考えられます。

学級や学校で「机に置く物の位置を統一する」といった取組があるとの指摘[＊4]もされているようです。机上の筆箱の位置を指定することで、学びやすくなる子どももいるでしょう。しかしその反面、学びにくくなる子どももいるのではないか、という発想を忘れてはなりません。

この発想に従うならば、学年によっては「筆箱は、机の右上に置く」というルールよりも、「筆箱は、自分が一番使いやすいところに置く」といったルールのほうが相応しいでしょう。

学習や生活上の困難さの改善や克服を子どもと一緒に目指すということは、このようなまなざしを教師がもつことに支えられているのではないでしょうか。そして、これらのまなざしは、自立活動の目標にある「主体的に自己の力を可能な限り発揮し、よりよく生きていこうとする」ことに、きっとつながっていくのだろうと思うのです。

---

＊4　赤木和重「ユニバーサルデザインの授業づくり再考」『教育』No.853、かもがわ出版、2017年。石垣雅也「小学校における教育指導の実際と課題－合理的配慮に関わって」『日本特別ニーズ教育学会第22回研究大会発表要旨集』2016年、26頁。

## エピソード6 何を描いたらいいか、わからない

対　象：E児（小学5年生）・学級
形　態：カウンセリング
自立活動の内容及び"ものさし"
　2 心理的な安定(3)障害による学習上又は生活上の困難を改善・克服する意欲
　3 人間関係の形成(3)自己の理解と行動の調整

授業における表現活動はさまざまです。文字、言葉、身体の動き、絵、音楽……。そんな表現に対して困難さをもつ子どもがいます。5年生のEさんは、特に絵を描くことが苦手で、なかなか作品を完成させることができない子どもでした。

そんなEさんが総合的な学習の時間に「環境問題」について取り組んでいたときのことです。その日の授業は、学習のまとめとしてポスターを作成するというものでした。

はじめはアイデアスケッチから、です。子どもたちは、自分の発想を絵に表現しようと鉛筆を走らせています。ほとんどの子どもは作業に集中していましたが、Eさんは動きません。担任の先生は、机間指導をしながらEさんのところまでやってきました。

担任「順調かな？」
Ｅ児「……」
担任「苦戦してるの？」
Ｅ児（うなずく）
担任「そうなんだ。どうしてかな？」
Ｅ児「……何を描いたらいいか、わからない……。」
★困難さ①
担任「そうですか。そりゃ困ったねえ。ところで、テーマは何だっけ？」
Ｅ児「環境問題です」
担任「環境かぁ。環境問題にもいろいろあったよね。ゴミ問題とか、地球温暖化とか、酸性雨とか……。描きたいものはあるかい？」
Ｅ児「……」
担任「何だったら、描けそうかな？」
☆指導①
Ｅ児「……ゴミ問題なら……」
担任「ゴミ問題！　いいね。どんな絵にしようか？」
Ｅ児「……」
担任「ゴミを捨てられて困っているとか、ゴミがいっぱいのところとゴミがないところを並べて描くとか、いろいろありそうだね。一回りしてくるからその間に考えといてよ！　友だちと相談してもいいからね」
☆指導②

担任の先生は、他の子どもに声をかけながら、遠目にＥさんの様子を観察することにしました。しばらくすると、ようやくＥさんの手が動き出しました。その動きを確認した後、時間をかけて再びＥさんの席に近付いていきました。

担任「どうかな？　おっ！描けてるね。何を描いたの？」
Ｅ児「地球」

担任「地球か！　地球に手と足が生えてるんだ。なるほど、地球がゴミで困ってるのかな？」
E児「そう」
担任「地球を人間みたいに描いてるんだね。目とかはどうするの？」
☆指導③
E児「描く」
担任「困ってる感じに？　泣いてるみたいに？」
☆指導④
E児「うん」
担任「涙とか描くのもよさそうだね。いいポスターができそうだ！　地球を描くなら、地図帳を見てもいいよ。地球儀もあるよ」
☆指導⑤
E児「はい」

Eさんは、自分で考えた絵を描くことが苦手な子どもで（写し絵はできるのです）、毎年図工等の授業では苦戦しているようでした。それまでも、作品を途中であきらめてしまうことが度々あったようです。

写し絵はできることから、絵のイメージが浮かばないことが描けない大きな原因であると考えられます（★困難さ① 3 -⑶）。

そこで、この指導においては徹底的なイメージ化を図りました。ビジュアル的なイメージ化に加えて、手本の探し方も示しています。この後も、Eさんとカウンセリングを続け、つねにイメージをもつことができるよう支援していくようにしました（☆指導①～⑤ 3 -⑶、 2 -⑶）。

イメージ化の困難さに加えて、そもそも絵を描くことが得意ではないことが影響しているとも考えられます。作業が進んでいくにつれて、どんどん自分が描いたイメージからは程遠い作品になっていき、最後には、どうでもいいやと思ってしまう。もしかしたら、このような理想と現実のギャップが、Eさんの制作意欲の減退を招いているのかもしれません。

そこで、できるだけ本人のイメージに近い作品ができるよう、ポスターに必要な絵の部分と文字の部分とを別々に作成するなど、制作過程をいくつかのパーツに分けて取り組むようにしました。

はじめは、アイデアスケッチからです。これは、画用紙に描く前にある程度のイメージをもつことができるようにするための支援です。描いては消し、描いては消しを繰り返していると、画用紙が汚れたり傷んできたりしますよね。画用紙の傷みは彩色にも影響を与えるため、はじめから画用紙を与えることはしませんでした。

次に、土台となる画用紙に絵だけを描く過程です。アイデアスケッチでイメージができているため、比較的スムーズに進みました。Ｅさんは絵を写すことはできるのです。そして、絵の部分の彩色をします。

最後に、別の画用紙に描いた文字を切り取り、位置を決めて最後に貼り付けます。空間や字間を調節して貼り付けて完成です。

この方法なら、失敗したと思ったとき、やり直すことが容易です。アイデアスケッチ、下描き、文字の作成、位置決めなど、それぞれの過程においてリスタートの機会を保障することができます。

また、この方法には、はじめから作品の全体像が見えていなくても、試行錯誤をする中で自分の納得のいくイメージに近付けていくことができるというよさもあります（余談になりますが、特別支援教育とICTの親和性の高さは、リスタートや試行錯誤の容易性という文脈からも語ることができると考えています。出来上がりや失敗に対する負のこだわりを緩和するものだからです）。

なお、これらの方法については、Ｅさん以外の子どもたちにも提示し、選択できるようにしました。Ｅさんほどではないにせよ、絵を描くことに苦手さをもつ子どもは、どの学級にもいるものです。

複数のオプションを提供するという意味では、画用紙の大きさを選択させることも考えられます。八つ切りの画用紙を選べば、単純な作業面積は四つ切りの４分の１になります。作業量に伴う負担は減るでしょう。

しかし、作業面積が狭いということは、細かな作業が要求されることでもあります。今回の場合、ポスターということで文字の作成という作業もあったため、画用紙の大きさに関しては、四つ切りとしました。手指の巧緻性も合わせて考えての判断です。今から思えば、文字なしという選択肢もあったかもしれません。

こうして、Ｅさんのポスターは完成しました。文字の部分を貼り合わせたことから、立体的な作品に仕上がりました。思わぬ副産物です。作品は教室に掲示され、友だちからも高い評価を受けました。Ｅさん本人も満足気な表情を浮かべていました。

後日、このときの様子を保護者にお話しする機会があったのですが、何度もうなずきながら話を聞いてくださいました。これまでのＥさんの学校での様子を思えば、感慨深いものがあったのだろうと思います。

なぜなら、Ｅさんは前年度大変荒れていた子どもだったからです。授業中に職員室に飛び込んできて、ストーブの前に寝転がっていた姿を今でも鮮明に覚えています。

残念ながら、当時の担任の先生との関係も良好ではありませんでした。だから、せっかくの担任からのアドバイスも素直に受け取ることができません。表現に対する苦手さはそのままで、できないという事実だけが積み重なっていく状態。困難さは改善の兆しを見せないまま、学習や生活のさまざまな場面で不適応を起こしていたのでした。きっと、その当時の教室は、Ｅさんにとって居心地のよい場所ではなかったでしょう。

そんなＥさんがカウンセリングを受けながら、満足のいくポスターを完成させることができたのです。当時のＥさんを知る者にとっては驚くべきことでした。何よりＥさん本人が一番驚いていたかもしれません。この出来事がきっかけとなって、Ｅさんと担任との関係が強化されることになります。

その後も、日記や作文、図工の作品づくりなどの場面では、同じようなカウンセリングを行っていきました。表現することに対するＥさんの抵抗感は徐々に薄らいでいきました。それに合わせるように、授業への不適応や対人関係のトラブルも減っていきました。

信頼関係を築くことでＥさんの中に生まれた（この先生となら、できるかも）という感覚は、意欲の向上や困難さの改善・克服につながる重要な感覚です。信頼関係のフィルターを通した成功体験は、子どもに自信を与えます。その結果、信頼関係はさらに強化されることになります。身近な大人への信頼は、将来必要な支援を自ら求めることができる態度を育てるためにも、重要な要素であるといえるでしょう。

成功体験に関連して、少し付け加えておきます。

このエピソードは、Ｅさんが成功体験を獲得する物語です。子どもの自己肯定感や自己有用感を育てるために、成功体験は重要だとされています。経験からも実感からも異論はありません。

しかし、適度にお気楽な失敗経験も意外と大切なように思います。特に“勝つこと”に必要以上に執着してしまい、負けを受け入れることができず不安定になってしまう子どもがいる場合、失敗や勝敗が深刻にならない経験（例えば、１分間あっち向いてホイなど）を日常的なガイダンスとして積ませ、いわば“負け慣れ”させておくことも、心理的な安定を図るために重要な経験であると考えます。

## エピソード７ これは、Ｆさんが言ってたんだけど

対　象：Ｆ児（小学６年生）・小集団・学級
形　態：ガイダンス
自立活動の内容及び“ものさし”
　３人間関係の形成(1)他者とのかかわりの基礎
　６コミュニケーション(1)コミュニケーションの基礎的能力

人とかかわることが苦手なＦさんがいます。グループ学習においても、自分から意見を言うことはほとんどありません。ただ、静かに座っています。また、何事にも自信がもてない、そんな印象も受ける子どもでした。

### 〈場面１〉

６月の国語の時間のことです。登場人物の心情について考えるという学

習でした。グループでの話し合いが始まりました。担任の先生は、教室を回りながら、それぞれの話し合いの様子を観察しています。その中で、話し合いがうまくいっていない様子のグループを見つけました。Ｆさんのグループです。

**担任**「話し合いが、うまくいっていないみたいだけど？」

**児童**「Ｆさんが、何も言ってくれないから……」

★困難さ①

**担任**「そう。それで、困ってるんだ。Ｆさん、そうですか？」

**児童**「……はい」

**担任**「何も言わないから、みんな困っていたんだね。わからないときは、わからないって言えたらいいね。そうしたら、きっとみんなが助けてくれるからね」

☆指導① 3 -⑴、 6 -⑴

**Ｆ児**「はい」

**担任**「Ｆさんが『わからない』と言ったら、みんな、助けてくれるかな？」

☆指導②

**児童ら**「はい」

**担任**「ありがとう。それでも困ったことがあったら、先生に教えてください。では、続けましょう。」

〈場面1〉は、グループの話し合いが停滞している場面です。何気ない描写ですが、よく考えてみると不思議に思うことはありませんか。

なぜこのグループは、何も言わないFさんの発言を待って、話し合いを一旦停止していたのでしょうか。Fさんが意見を言わないのであれば、さっさと飛ばして、他のメンバーだけで話し合いを進めればいいのではありませんか。そのほうが早いし、一般的なグループ学習ではよく見られる光景だと思うのですが、いかがでしょうか。

ここには、当時、学級で取り組んでいた協同学習の影響が見られます（"協同学習"で一つの言葉です。"協同"して学ぶ学習の総称ではありません）。

協同学習の定義*5はいろいろあるのですが、最も簡単な定義は「小グループの教育的使用」とされています。しかし、これだけではグループ学習との違いがはっきりしません。

協同学習とグループ学習との最も大きな違いは、協同学習が成立するためには、いくつかの要素（条件）*6を満たしていることが必要であるということです。

小グループの教育的使用であり、学生が自分自身の学びと学習仲間の学びを最大限にするために共に学び合う学習法
（スミス）

協同学習の定義

・互恵的な協力関係がある。
・個人の責任が明確である。
・参加の平等性が確保されている。
・活動の同時性が配慮されている。

協同学習の要素（ケーガン）

このグループが、Fさんの発言を待っていたのは、協同学習の要素にある「個人の責任が明確である」や「参加の平等性が確保されている」を子どもたちが意識していたからだと考えられます。これ

＊5　エリザベス＝バークレイ他『協同学習の技法』ナカニシヤ出版、2009年。
＊6　対談：関田一彦×上條晴夫「協同学習～スペンサー・ケーガンの構成的教授法に学ぶ～」『授業づくりネットワーク』No.4、通巻312号、学事出版、2012年。

らを意識して、子どもたちは話し合いを進めようとしていたのですが、Ｆさんは答えることができず（★困難さ①）、結果として話し合いが停滞してしまった、と捉えることができます。その意味では、話し合いは停滞していたものの、Ｆさんに活動の機会を保障していた、このグループのメンバーの態度は素晴らしいと思います。

とはいうものの、このグループが重苦しい状況にあることは事実です。

そこで、ロールプレイ的に、Ｆさんとグループのそれぞれに関わり方の具体を示すという指導を行いました（☆指導①・②）。

意思表示をすることができにくいＦさんには、まずは「わからない」ことを表明することを、そして、グループには、Ｆさんが「わからない」と言ったときには、グループ全体で支援することを求めました。

Ｆさんが、自分の考えをグループの中で発表できるようになるには、時間が必要でしょう。発表したいけどできなかったり、「わからない」と言えなかったりすることだってあるでしょう。

そこで、話し合いが再び停滞したときを想定して、困ったら教師に伝えることを付け加えることで、Ｆさんのせいで話し合いが進まないという、特定の個に非難が集中する状態を回避できるようにしました。停滞したら、Ｆさんとグループのメンバーと担任とで一緒に考えればいいのです。子どもも教師も、そこから学ぶことも多いのですから。

まずは「わからない」と言えることからスタートし、そして徐々に自分の意見を述べることができるように、この後Ｆさんには指導していくことになります。他の子どもたちもそんなＦさんを認め、次第にＦさんを受け入れるようになっていきました。

### 〈場面２〉

11月の社会科の時間の様子です。３枚のイラスト[＊7]を時代順に並べ替えるという活動を行いました。なぜその順番にしたのか、理由も含めて話

---

＊７　３枚のイラストとは、有田和正『調べる力・考える力を鍛えるワーク』（明治図書、2002年）に掲載されているもので、駅弁包装紙に戦争の絵が描かれている。

し合います。担任の先生は、自分の考えをノートに書くように指示した後、教室内を自由に動き、友だちと意見交換してもよいことを伝えました。ほとんどの子どもは席を立ち、ノート片手に話をしていますが、何人かは座ったまま、鉛筆を走らせています。Ｆさんも移動し、友だちと意見を交換していました。その後は、グループでの話し合いを経て、全体で話し合うという展開になりました。

**担任**「他に意見はありませんか？」
**〇〇**「はい！」
**担任**「〇〇さん、どうぞ」
**〇〇**「これは、Ｆさんが言っていたんだけど、イラストの後ろにある建物は万里の長城じゃないかって。だから、このイラストは、日中戦争を表していると思います」
**担任**「なるほど。〇〇さんは、Ｆさんの意見をもとにして、自分の考えを発表したんだね。Ｆさん。そうですか」
**Ｆ児**「（照れながら）はい」
**担任**「意見を発表した〇〇さんもすごいし、〇〇さんの考えのヒントになったＦさんもすごいね。しっかり学び合いができていますね」

☆**指導③ ３-⑴**

〈場面２〉は、学級全体での話し合いの様子です。協同学習に取り組む中で、次第にＦさんは自分の考えをもち、友だちに伝えることができるようになってきました。この場面でも、教室内を移動し友だちと意見交換を行っています。

これまでのＦさんは、どちらかといえば友だちからサポートを受ける立場の存在として、学級の子どもたちから認識されていました。

しかし、この場面はそういったＦさんへの認識を改めるきっかけとなりました。発表に積極的な〇〇さんが、わざわざＦさんの名前を出して、自分の意見を発表したことで、Ｆさんはサポートを受ける対象としてだけ存在するのではないことを、学級に強く印象付けることになったからです。
担任も、その期を逃さず、〇〇さんとFさんを同時に称揚することで、二人の関係を学級のモデルになるものとして、価値付けています（☆指導③）このような場面が、学校生活のさまざまな場面で生まれてくると双方向のかかわりが拡大していきます。
こうして、Fさんは自ら人間関係を広げ、同時に、周りの子どもたちはFさんへの理解を深めていきました。そして、周囲から認められるこれらの経験は、何事にも自信のなかったFさんを徐々に変えていきました。卒業に際して、保護者からいただいた「日々自信を増してきた」というメッセージからも、Fさんの変容をうかがい知ることができます。このエピソードは、授業内における協同学習をベースにした長期的なガイダンスの例と考えています。

# 03 授業内と授業外における指導の実際

## エピソード8 もしかしたら、もしかしたらね

対　象：G児（小学２年生）・学級
形　態：ガイダンス・カウンセリング
自立活動の内容及び“ものさし”
　２心理的な安定(2)状況の理解と変化への対応

運動会や音楽会などの大きな行事の前には、練習用の特別な時間割になることがあります。多くの場合、特別時間割表を配布するなど、子どもたちが混乱しないように配慮します。
しかし、予定通りに練習が進まないことも多々あります。そのような場合は、変更がわかり次第、できるだけ早く変更内容を子どもに伝えることが必要です。
その場合「〇月〇日の〇時間目は、算数から運動会の練習に変わる」と

いうようにできるだけ具体的に伝えるようにしています。口頭で説明するだけでなく、時間割表や予定表に変更事項を記入するなど、視覚的に提示し、いつでも確認できるようにしておきます。

また、練習をはじめるにあたっては練習予定が変更になることがあることを予め子どもたちと共有しておくことも大切です。

これら一連の対応は、このエピソードに登場する急な変更に対応しにくいGさんへの支援も含めた、学級全体へのガイダンスといえます。事前に変更することがわかっていれば、Gさんは安心して学習に取り組むことができるのです。

ところが、突然予定を変更せざるを得ない状況に陥るときがあります。運動会まで日がないのに、練習が予定通りに進んでいなかったり、新しいパートを急遽付け加えることになったりした場合です。このような場合、明日の練習が前日に急に決定されることもあります。子どもたちがすでに下校してしまっているようなときには、その変更は、当日の朝一番に子どもたちに伝えられることになるでしょう。

この場合も、前述の基本路線は変わりません。しかし、Gさんに関していえば、あまりにも突然の予定変更は、強い不安や不満を招き、結果として、不安定な状態になってしまうことも考えられます。特に、自分の好きな学習があまり好きではない活動に変更されるようなときなら、なおさら

です。

この万が一に備えて、Gさんには、事前にカウンセリングを行っておきます。

担任「今日、運動会用の時間割を配ったでしょう？　何か、わからなかったことや困っちゃいそうなことは、なかったですか？」

G児「大丈夫」

担任「いつもの算数の時間が、体育館の練習に変わるからね。気を付けてね」

G児「わかった」

担任「また、変わることがあったら、予定表に書いてわかるようにしておくからね」

G児「はい」

担任「……でもね。もっと練習しないといけなくて、急に練習が増えるかもしれないよ」

G児「？」

担任「クラスの誰かがね。例えば、〇〇さんとかがね。ダンスをまだ覚えていない、とか。練習したほうがいいでしょう？」

G児「うん」

担任「でね。もしかしたら、もしかしたらね。それが、Gさんの好きな図工の時間のときになっちゃうかもしれない。どうしよう？」

☆指導① 2 - (2)

G児「イヤだ！」

★困難さ①

担任「そうだよね。イヤだよね……。でもね。運動会では、お家の人に、みんなのカッコいいところを見てもらいたいんだよなぁ。そうじゃない？」

G児「……うん」

担任「だからさ。もしそうなったら、代わりに図工の時間をどこかで、絶対取るからさ、Gさんにも協力してもらえると、うれしいんだけどな

　　ぁ。ダメかな？」

**G児**「……わかった、いいよ」

**担任**「ありがとう、助かるよ。ないと思うけどね。でも、“もしも”あったら、よろしくね」

　実際に、突然の予定変更が行われた場合、根本的に非は教師側にあります。地震などの災害であればやむを得ないこともあるでしょう。しかし、原則としてあまりにも急な予定変更は慎むべきです。このことを軽く考えてはいけません。

　そうはいっても、諸事情により背に腹は変えられないことがあることもよく理解できます。そうであるとするならば、必要な布石は打っておくことです。

　この場面のカウンセリングは、“もしも”を想定した指導です。

　もしものときに、Gさんはどのような反応をするのか（→イヤだ！★困難さ①)、しかし、なぜそれが必要なのか（→○○さんがダンスを覚えていないから。みんなのカッコいいところを見てもらいたいから)、その場合どうなるのか（→別の時間を図工に替える）など、“もしも”に付随する具体的な状況をシミュレートしながら指導を進めていきました（☆指導①)。

　Gさんにとっての最大の問題は、予定変更時の気持ちの切り替えです。そこさえ乗り越えることができれば、練習してカッコいい姿を見てもらえることも、必ず好きな図工をすることができることも、Gさんにとってはプラスの材料です。損はないのです。

　このような布石を何度か（一度ではありません。何度かです。短時間で構いません）打っておくことで、Gさんは急な予定変更があったときにも、もちこたえることができました。担任はそのとき、Gさんに感謝の気持ちを伝え、約束通り時間割の変更を行いました。

　運動会の例に限らず、学校現場ではやむを得ず急な予定変更をしなければいけないことがあります。さっきまで雨が降っていなかったのに、プールの時間の直前に雨が降り出した。中止を伝えると大ブーイング。このような経験をされた方は多いのではないでしょうか。プールでなくても、授業の進度が予定通りに進まなかったり、授業時間が延びてしまったりすることは、日常的に起こりうる予定変更です。

そのようなとき、「この授業は延びるかもしれないなぁ」の一言があるだけで、心の準備をすることができる子どもがいるのです。この一手間を惜しむか惜しまないか。小さなことに思われがちですが、子どものもつ困難さに向き合う教師の姿勢が問われているようにも感じられるのです。

## エピソード9 ……2点ぐらいかな

対　象：H児（小学6年生）・学級
形　態：カウンセリング・ガイダンス
自立活動の内容及び“ものさし”
　3人間関係の形成⑴他者とのかかわりの基礎
　　　　　　　　⑷集団への参加の基礎

Hさんはとても無口な子どもでした。休み時間は、一人で過ごすことが多く、読書をして過ごしています。授業中も、自分から進んで周りの友だ

ちに働きかける姿は、ほとんど見られません。周りの子どもたちも自分たちのほうから積極的にＨさんにかかわろうとはしていませんでした。

**〈場面１〉カウンセリングの場面**

教育相談での担任の先生とＨさんとのカウンセリングの様子です。

**担任**「今日までの学校生活に点数を付けるなら、５点満点で何点が付くかな？」

**Ｈ児**「……２点ぐらいかな」

**担任**「そうか。結構低いんだね。３点減点の理由は何だろう？」

**Ｈ児**「友だちに話しかけられないから……」

★困難さ① 3 - (1)

**担任**「休み時間？　授業中？」

**Ｈ児**「両方」

**担任**「話しかけたい気持ちはあるの？」

**Ｈ児**「はい」

**担任**「何でできないんだろう？」

**Ｈ児**「……」

**担任**「よくわからない？　もし話しかけられるようになったら、５点になるのかな？」

**Ｈ児**（どうかな？という表情）

**担任**「まだ何か足りない感じ？」

**Ｈ児**「発表もあんまり、できていないし」

★困難さ②

**担任**「したい気持ちは？」

**Ｈ児**「あります」

**担任**「どうして、できないんだろう？」

**Ｈ児**「間違えたら」

**担任**「恥ずかしいとか？」

**Ｈ児**「はい」

〈場面２〉ガイダンスの場面

担任の先生が、修学旅行で行ったテーマパークのパンフレットを見せながら「今日は、アトラクションの回り方を考えます」と伝えました。算数の授業がはじまりました。

今日の算数は、３種類のアトラクションの回り方は何通りあるか、起こり得る場合を順序よく整理しながら考えるという学習です。授業は、個人やグループ、クラスで話し合いながら進み、樹形図を使った整理の仕方について、一通り理解することができました。

そこで授業の後半は、適用題を解くことにしました。担任は、４種類の問題を提示し、ジグソー（ジグソーについては後述します）で解決するよう、子どもたちに指示しました（☆指導①３-⑷）。グループ内で担当する問題を決めた後、それぞれの子どもは専門家として、それぞれの場所に散っていきました。

やがて専門家チームでの話し合いが終わると、子どもたちは再び元のグループに戻っていきました。全員が集合すると、第１問目から解き方の解説がはじまります。グループのメンバーは解説に耳を傾け、わからないところを出し合います。専門家は出された質問に答えていきます。

Ｈさんも、専門家として、自分なりに言葉を尽くして説明しているようです。Ｈさんがうまく説明できないときには、グループ内でフォローが生まれます。四つの頭が近付き、適用題の解決が進んでいきました。

〈場面１〉は、Ｈさんに対するカウンセリングとして位置付けています。現在、多くの学校で教育相談が実施されていますが、これは一人一人の子どもとカウンセリングをすることができる貴重な機会です。

このカウンセリングで明らかになったのは、Ｈさんの思いです。理由は本人にもよくわからないけれども、友だちに話しかけられないことに対する満たされなさや、もっと発表できたらいいのにという願いを切実な思いとして受け取りました（★困難さ①・②）。

カウンセリングには、改善や克服に向けての具体的なアドバイスを提供する機能がありますが、この場面のように、課題（困難さ）や理想の状態を共有する機能も重要です。教師が『自立活動』の発想による指導を考えるきっかけになるからです。

また、カウンセリング自体が具体的なアドバイスを提供できないことも多々あります。

例えば、人間関係が必要とされる場面はさまざまであるため、与えるアドバイスも一般的なもの（「勇気を出して話しかけてごらん」のような）に留まりがちです。その勇気が出ないから子どもは困っているのだし、その程度のアドバイスで解決するのなら、とっくに解決しているように思うのです。この辺りは、具体的な指導が効果的なケース（例えば、身の回りの整理整頓など）とは分けて考えたほうがいいでしょう。

そこで、〈場面2〉では、ガイダンスの機能をもたせた授業を行うことにしました（☆指導①）。つまり、授業そのものを、人とのかかわりを必然としていたり、Hさんへのサポート機能を織り込んだシステムになっていたりするように、デザインしたのです。いわば、間接的ガイダンスであり、これまで紹介してきた直接的なガイダンスとはやや趣が異なります。

この場面で用いているのは、「ジグソー」と呼ばれるものです。ジグソーは、エピソード7「これは、Fさんが言ってたんだけど」でも触れた協同学習の技法の中でも、最も有名なものの一つといえるでしょう。最近では、小学校の教科書にも見られるようになっています。

まず、グループ（これをホームチームと呼びます）の一人一人に別個の課題を与え、他のグループで同じ課題を担当した友だちと専門家チームを結成し、課題の解決を図ります。そして、専門家チームでの成果を元のグループに持ち帰り、それぞれが自分の担当した課題について、他のメンバーに説明し、課題に対する理解を深めていきます。

当然ながら、ジグソーも協同学習の要素（条件）を満たしています。

ジグソーでは、誰もが何かしらの専門家になります。例外はありません。さらに、自分と同じ課題をもつ専門家はグループ（ホームチーム）にはいないため、その課題の解決とグループへの解法の提供は、専門家であるその子どもに一任されます。つまり、自分が担当した問題については自分で解決し、説明できるようにしておかないと、グループに戻ったときに、他のメンバーが困るわけです。ここに、問題の解決とグループへの説明という個人の責任が生じます。

とはいうものの、自分一人では荷が重いこともありますよね。そこで、同じ課題をもつ者で構成された専門家チームが結成されます。そこでは、同じ立場（課題を解決し、グループへの説明責任をもつ者）の仲間が集まり、課題の解決に向けて協力し合う、互恵的な協力関係に基づく小グループが形成されます。この小グループの中では、一緒に考えたり、話したり、聞いたりするという子ども同士のかかわりが促進されることになります。

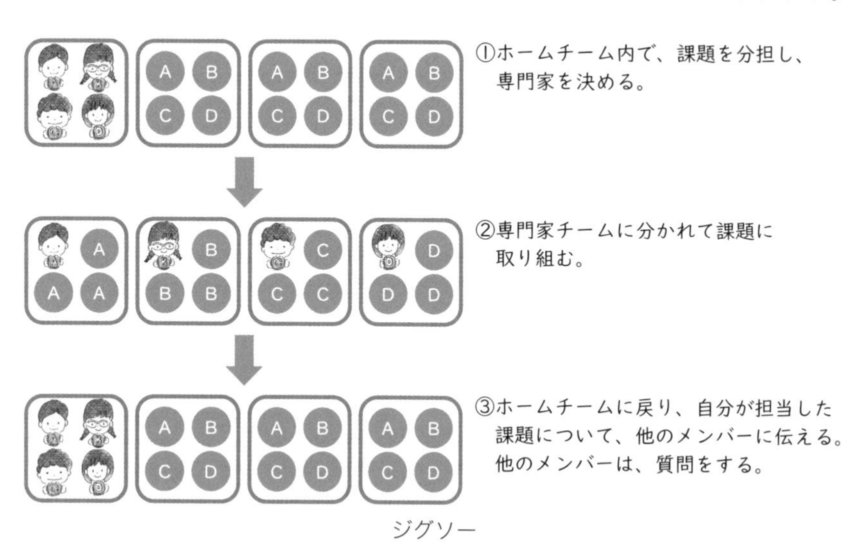


ジグソー

〈場面１〉のカウンセリングにより、Hさんが、自分から話しかけられなかったり、進んで発表したりできなかったりすることに、モヤモヤした思いを抱いていることがわかりました。Hさんは、それが解消されることを望んでいます。

ジグソーはシステムとして、人とかかわり合う必然性を生み出します。このような機会を多く経験していくことは、教師からのアドバイスに従って行動するよさとは、また違った感覚（友だちと一緒に頑張った、頑張れたというような）を養うでしょう。それもまた重要な経験です。

人とのかかわりに困難さをもつ子どもが、ジグソーのようなかかわりを必然とする協同学習にうまく参加することができるのか、という質問を受けることがあります。その子ども一人だけが取り残されるのではないか、という不安です。

協同学習をすればすべてうまくいく、そのような主張をするつもりはありません。実際、協同学習を掲げていても、残念ながら個が取り残されたまま進んでいく授業があるのも事実です。

それらの授業の多くに共通しているのは、個人の責任が明確でないなど、協同学習の要素を満たしていない、あるいは教師や子どもが意識していないということです。

先に述べた、協同学習の要素を意識した授業づくり、活動づくりを行うだけでも、日々の授業が変わっていきます。その結果、Ｈさんのような子どもも、少しずつ困難さを改善・克服できるようになるのではないかと考えます。

協同学習を取り入れた授業を実践する際に、最も重要なことを指摘しておきます。それは「協同の精神」を子どもたちと共有するということです。協同の精神とは「自分の学びが仲間の役に立ち、仲間の学びが自分の役に立つ」[※8]というものです。これを折に触れ、何度も何度も共有していきます。これは、絶対条件です。

協同の精神を共有しないまま、形（例えば、ジグソーのような）だけ取り入れても意味がありません。形だけの協同学習においては、先の質問にあったように、人とのかかわりに困難さをもつ子どもたちが、容易に排除されてしまうでしょう。それならば、しないほうがいいかもしれません。この精神の共有があってこその、協同学習であることを強調しておきたいと思います。

また、協同学習が成立するためには、長期的・継続的な取組が必要です。

＊8　安永悟『活動性を高める授業づくり　協同学習のすすめ』医学書院、2012年。

その中で、うまくいったりいかなかったりする経験を通して、個も集団も成長していきます。ここでは、個の抱える困難さの改善や克服と同様に、集団としての困難さの改善や克服にも、じっくりと腰を据えて取り組んでいく姿勢が教師に求められます。

変化はゆっくりと、しかし確実に訪れます。

## エピソード10 勉強嫌い。学校も楽しくない

対　象：I児（小学3年生）・小集団
形　態：カウンセリング・ガイダンス
自立活動の内容及び“ものさし”
3 人間関係の形成(1)他者とのかかわりの基礎
(4)集団への参加の基礎

学習への関心や意欲が極端に低く、自分のしたいことしかやらない。それが受け入れられないと怒りをあらわにし、教室から飛び出していく。出会った頃のIさんはそのような子どもでした。学力の低さや情緒の不安定さから、校内でも気になる子として、よく名前が挙がっていた子どもです。

**担任**「何で、授業中に絵を描いてるの？」

☆指導① 3 - (1)

**Ｉ児**「勉強が楽しくない」
**担任**「どうして？」
**Ｉ児**「わからんから」
**担任**「勉強がわからないということ？　国語？算数？漢字？計算？」
**Ｉ児**「全部。国語も算数も総合も。全部、よくわからん」

★困難さ①

**担任**「好きな勉強はないの？」
**Ｉ児**「ない。勉強嫌い。学校も楽しくない」

★困難さ②

担任として最初に力を注いだのは、Ｉさんとの人間関係を築くことでした（☆指導① 3 - (1)）。そのために、機会を捉えては、上記のようなショートのカウンセリングを続けていきました。何が苦手で、何が得意なのか。友だちは誰か。好きなテレビは何で、嫌いな食べ物は何か。どんな本を図書館から借りているのか。休み時間は何をしているのか。昨日は何時に寝て、今朝は何時に起きたのか……。

カウンセリングでは、Ｉさんを知ることを第一に考え、指導は最小限に留めていました。そうしている内に、学習意欲の低さは、やってもできないという感覚に由来しているのではないか。楽しくない、やりたくないという言葉の裏には、やっぱりできるようになりたいという願いがあるのではないか。そのようなことを感じるようになりました。

授業参加が難しい状況は、長く続くことになります。しかし、それが可能になった授業もいくつかあったのです。

市内のある地域の写真を提示し、それが地図上のどこの地点かをグループで探るという社会科の授業がその一つでした。グループで写真から情報を読み取り、話し合いを進めている場面でのことです。

〇〇「(ある地図上の１点を指さして）ここじゃない？」
△△「でも、道が近くにないよ」
〇〇「あぁ。大きな川があるとこだったら、ここか、ここだと思うけど」
☆☆「ここに、工場があるから……」
Ｉ児「……川がここで二つに分かれて、曲がってるから……（地図上を指さす)」
〇〇他「……あっ。そうか！」

Ｉさんは他のメンバーに先駆けて、河川の形状に注目したのでした。写真からの情報と地図の情報を比較してみると……なるほど、この考えはよさそうです。Ｉさんの提案を第一候補とし、次の写真の検討に進むことにしました。こうして、机の真ん中に置かれた地図と写真を見比べながら、さらにグループでの話し合いは続いていきました。

結局、この授業に関しては、最後までＩさんが脱落することはありませんでした。では、勉強嫌いのＩさんを学習につなぎ止めたものは何だったのでしょうか？

おそらくそれは、小集団の力だと考えます。

当時は、小集団の力を借りてＩさんの学習参加率を上げようとしていたのでした。この授業で、その“しかけ”として用意したのが地図と写真です。地図も写真も、グループに１枚ずつとしました。

この環境設定により、必然的にグループ全員の目が１枚の地図と写真に注がれるようになります。そして、誰かが意見を言えば、誰かが反応し、その意見の妥当性を検討する話し合いが生まれます。グループの中のかかわり合いを促進する仕組みです。

また、Ｉさんが授業への参加意欲を失うのは、決まって「わからない」「できない」状態に陥ってしまったときでした。漢字が書けない。計算ができない。だから、もうやらない、のです。

それならば、個々の力だけでは、解決できない課題を設定してみてはどうでしょうか。グループの誰もが「わからない」「できない」状態であれば、Ｉさんだけが「わからない」「できない」状態は埋没してしまうのです。

この授業は、個々の子どもが、自分のもつ情報や知識を出し合い、総合することで、課題が達成されるという構造になっています。エピソード９「……２点ぐらいかな」と同様に、活動そのものがガイダンス機能をもっているのです（☆指導②３-⑷）。

結果として、Ｉさんの意見はグループでの課題解決に大きく寄与することになりました。集団の中で感じた自己有用感が、Ｉさんを学習につなぎとめたのではないかと考えています。

このエピソードは、カウンセリングの場面では、Ｉさんに対する徹底的な関心を、ガイダンスの場面では、課題解決集団の一員とすることでＩさんの学習参加や意欲の維持を図ったという物語です。

Ｉさんはこの後、嫌いな学習に関しても集団や教師の力を借りながら、少しずつ取り組むことができるようになっていきました。

しかし結局、この学年が終わるまでＩさんが勉強嫌いであることは変わりませんでした。しかし、一つだけ確実に変わったことがあります。それは、選択肢が増えたことです。

これまでＩさんは「好きだから、やる」「嫌いだから、やらない」という二つの選択肢しかもっていませんでした。それに、もう一つの選択肢が加わったのです。

三つ目の選択肢は「チェッ、仕方ない。やってやるか」です。

この選択肢を獲得したことにより、Ｉさんの学習参加が促進されることになりました。舌打ちをしながら、それでも机に向かっていた３年生のＩさんの姿が今でもよく思い出されます。

# 終章

# 『自立活動』の発想による指導がもたらすもの

ここまで、通常学級における『自立活動』の発想による指導について考えてきました。

自立活動は、特別支援学校の教育課程に特設されたものであるため、その内容（６区分27項目）だけを見ると、「通常学級には関係ないものもあるのでは？」と感じた方もいるのではないでしょうか。

実際、第３章で紹介した通常学級における10のエピソードの中で“ものさし”として取り扱ったのは、自立活動の内容「１健康の保持」「２心理的な安定」「３人間関係の形成」「６コミュニケーション」の４区分に留まりました。

区分の偏りは、実践者である私の関心の偏りが影響しているようにも思います。逆にいえば、通常学級における『自立活動』の発想による指導においては、これらの区分に関する指導のニーズが高いともいえるのかもしれません。

ここで、エピソードとして取り上げることができなかった残りの２区分について、補足しておきます。

まず「５身体の動き」です。この区分は、日常生活や作業に必要な基本動作を習得し、生活の中で適切な身体の動きができるようにする観点から示されています。

この中には、（３）日常生活に必要な基本動作に関することや（５）作業に必要な動作と円滑な遂行に関すること、という項目があります。

前者では、衣服の脱着や食事の動作（箸やスプーンの使い方、こぼさずに食べるなど）などに関する指導を、後者では、学習用具（鉛筆やはさみなど）の操作の正確さや持続性などに関する指導を行うなどのケースが考えられます。通常学級において、これらの動きに困難さをもっている子どもには、カウンセリングを中心とした指導が必要となるでしょう。

また、エピソード３「シャツ王子」では、「１健康の保持」の内容として身だしなみについて扱いました。この指導は、身だしなみの習慣化を図ることをねらいとしたものです。これに対して「５身体の動き」で扱うのは、身だしなみに伴う更衣の動作そのものということになります。したがって、この両者を関連付けながら指導を行うことも、『自立活動』の発想による指導では考えられます。

そして「4環境の把握」です。これは、感覚を有効に活用し、空間や時間などの概念を手掛かりとして、周囲の状況を把握したり、環境と自己との関係を理解したりして、的確に判断し、行動できるようにする観点から示された内容です。

『自立活動編』には、視覚障害や自閉症などのある子どもが、タブレット型端末やイヤーマフなどを活用して、困難さの改善を図るなどの事例が示されています。感覚の補助や感覚の過敏さを回避するための指導を必要とする子どもが、学級にいなければ（いれば、もちろん役立ちます）、一見、通常学級にはあまり関係のない区分に思えます。

しかし、この区分に関しては、今後の通常学級における学びの在り方を考える上で、重要な役割を果たす可能性があると考えています。

「4環境の把握」にかかわるものとして、通常学級で実践した"都道府県マスター"という実践を紹介します。この実践は、社会科の学習内容として示されている「47都道府県の名称と位置」について扱うものです。授業の展開は次のようなものでした。

**①チェックテスト（以下、CT）Ⅰを行う**
**②個人の目標を設定する**
**③自分が選択したやり方で、都道府県の名称と位置を覚える**
**④CT Ⅱを行う**
**⑤自分の学びを振り返る**

①は、現在の自分の力（都道府県の名称と位置をどれくらい覚えているか）を知ることを目的としています。

②では、自分の力に合わせた目標を個人で設定します。この実践では、CT Ⅰより10点アップを最低ライン（最低ラインの基準は子どもの実態に合わせて変えればよいと思います）として提示しました。例えば、CT Ⅰ

の得点が28点であれば、個人の目標として38点以上が設定されることになります。

③では、個々の子どもが自分の学び方を選択し、個人の目標の達成を目指して、都道府県の名称と位置を覚えていきます。

④の CT Ⅱでは、CT Ⅰからの伸びを確かめます。

最後に⑤で自分の学びを振り返り、次の目標を設定します。

この実践のポイントを挙げるなら③の活動です。学び方を選べるようにしたのです。子どもたちは、一人であるいは複数で、場所を変えて、座ったり歩いたりしゃべったりしながら、自分に合った学び方を模索していきました。

⑤の学びを振り返る場面では、「声に出す」「書く」「色を塗る」「ツールを使う」「ゲーム化する」という5カテゴリー計17種類の学びが、子どもたちから報告されました。「書く」というカテゴリーの中にも「ひたすら書く」「一つずつ書いてわからないものをチェックする」「漢字で書く」「最初の文字だけを書く」「県名を隠しながら書く」それぞれ微妙に異なる5種類の学び方があったのです。

その結果、子どもたちはそれぞれに自分に合った学び方を探り、学習を深めていくことができました。中でも、CT Ⅰにおける下位群の児童の伸びが大きかったことは特徴的でした。CT Ⅰで4点（47点中）という子どもも、CT Ⅱでは14点、翌日実施した CT Ⅲでは27点と順調に得点が伸びていく様子が見られたのです。

では、なぜこの実践が「4環境の把握」にかかわるのでしょうか。

それは、この区分の項目（1）「保有する感覚の活用に関すること」に示されている“自分の感覚を有効に活用する”ことと関連します。

これまで本書で述べてきた『自立活動』の発想による指導では、自立に向けて主体的に困難さを改善したり克服したりすることに主眼が置かれていました。聴覚のマイナスを補聴器で補うといったように“マイナスをゼロにする”というイメージが強かったように思います。

しかし、この都道府県マスターの実践においては、若干異なります。

“プラスを生かす”という発想から、見たり聞いたり書いたりといった自分の得意な感覚の活用がなされているのです。感覚の有効な活用を進めていくことは、自分の得意な学び方を知ることにもつながっていくと考えます。

これまで、一斉に同じ内容で行う画一的な指導で取りこぼしてしまった子どもはいなかったでしょうか。もし、そのときに子ども自身が自分の得意な学び方を知っていたら。もし、教師が個々の子どもに合った手段や方法を提供できていたら。困難さそのものが生まれなかったかもしれません。教室における多様な学びを保障するという意味からも、「４環境の把握」という“ものさし”は重要な役割を担うものと捉えています。

なお、巻末には資料として「自立活動の内容（６区分27項目）と『自立活動』の発想による指導内容例」を掲載しました。通常学級における『自立活動』の発想の指導を構想する際の参考になればと思います。

最後に、本書のルーツともいえる通級指導における実践[＊9]を紹介して、締めくくりたいと思います。

この実践には、衝動性が高く、友だちと一緒に活動することが苦手なＡさんが登場します。Ａさんは、周囲の友だちから認めてもらいにくく、本当は友だちとかかわりたいのだけれど、上手にかかわることができないといった困難さを抱えている子どもです。

ある日、通級の担当者は、Ａさんの保護者から「（Ａさんが）漢字の宿題を嫌がって、困っている」という相談を受けました。そこでＡさんは、通級の時間に「ウソ字プリント」に取り組むことになります。これは、Ａさんが楽しみながら漢字学習に取り組むことができるように、担当が考案したものです。

この取組は、Ａさんが通級で作成したウソ字プリントを在籍学級に持ち込んだところから、思わぬ展開を見せることになります。Ａさんが作った

＊９　清岡憲二「漢字学習を楽しみながら他者とかかわるしかけを探る～通級指導教室と在籍校の連携をテーマに～」『授業づくりネットワーク』No.6、通巻314号、学事出版、2012年。

プリントをやってみたクラスの子どもたちから「自分たちも作りたい」という声が上がり、ウソ字プリントづくりがクラスで大流行することになるのです。

ウソ字プリントを媒介にして、通級における指導と通常学級とがつながっていくという発想を大変新鮮に感じたことを覚えています。ここに、通常の学級と通級による指導の連携の新たな形が見えたように思ったのです。

通常学級と通級指導教室との連携については、通常学級における個の課題を通級による指導で改善・克服を図る、そして、通級指導で培った力を通常学級で生かしていく、という視点から語られることが多かったように思います。あくまで、その子ども自身の物語として完結するのです。

しかし、ウソ字プリントの実践は違います。なぜなら、Aさんの漢字学習に対する困難さを改善・克服するために通級教室で行われた自立活動の指導は、通常学級に在籍する漢字学習に困難さのある子どもたちにも作用しているからです。

この点については、Aさんが在籍するクラスには、漢字テストがほとんどできない子どもや宿題を全くしてこない子どもがいたことやウソ字プリントづくりを自由勉強（自主学習）としたところ、宿題の提出率が上がったことが報告されていることからもわかります。Aさんに対する自立活動の指導は、通常学級にいる自立活動の潜在的な対象者への指導にもつながっていったのです。

Aさんに対するカウンセリングが、Aさんを含む集団へのガイダンスとしても機能する。このことは、自立活動による指導が通常学級における教育と特別支援教育とをつなぎ合わせる“のりしろ”となる可能性を示唆しています。もし、そうであるならば、通常学級における『自立活動』の発想による指導もまた“のりしろ“となり得るのではないでしょうか。

通常学級における『自立活動』の発想による指導がもたらすものは何でしょうか。それはきっと、**特別支援教育は決して特別なものではなく、通常の教育と連続している存在である**ということの証左だろうと思うのです。

困難さのある子どもたちとのかかわりの中で、今までやってきたこと、大切にしてきたことを“ものさし”を使って再考し、“のりしろ”にしてつなぎ合わせてみる。そして、通常学級における教育と特別支援教育の融合をゆるやかに図っていく。日常的に、今度は少しだけ自覚しながら。

このことは、障害のある者とない者とが共に学ぶ仕組み、インクルーシブ教育システムの構築にも大きく寄与するでしょう。また、そうなることを願ってやみません。

# おわりに

今年の３月、SNS 上のある投稿が話題になりました。ASD（自閉スペクトラム症）のある息子さんへの指導という内容で、担任の先生の指導方針「わからないときは聞く」はその他の方針と合わせて、かなりの共感を呼んでいました。これって、『自立活動』の発想による指導だよなぁ。そんなことを思いながら、進まない原稿と真面目に向き合い、ようやく完成の運びとなりました。

私事ながら、我が国初の緊急事態宣言が出された2020年３月に、私は28年間の小学校教員生活を終え、大学教員になりました。ですから、本書は小学校教員としての私の履歴ともいえます。

特別支援教育からインクルーシブ教育へと向かう大きな流れの中で、自分がやってきたことや大切にしてきたものの意味を問い、再考しながらまとめたのが本書です。読んでいただいたみなさんとみなさんの周りにいる子どもたちが、共に「困難さ」に向き合うときの細やかな支えになることができたなら、とてもうれしいです。

執筆のモチベーションをいただきました青山新吾先生。完成にご尽力いただきました学事出版の加藤愛様。この場を借りて、心よりお礼申し上げます。

そして、置かれた場所で日々奮闘しているあなたへ。
この本がエールになりますように。

ありがとうございました。

2021年９月<br>がまくんとかえるくん。そして、ニコルのいる研究室にて<br>土居裕士

# 巻末資料

## 自立活動の内容（6区分27項目）と『自立活動』の発想による指導内容例

### 【区分1】健康の保持

**◎生命を維持し、日常生活を行うために必要な健康状態の維持・改善を身体的な側面を中心として図る。**

| 項目 | 『自立活動』の発想による指導内容例 | 関連エピソード |
|---|---|---|
| (1) 生活のリズムや生活習慣の形成 | ○生活リズムの形成（起床・就寝時刻、睡眠）<br>○食習慣の形成（偏食等）<br>○衣服の脱着・整頓の習慣（体操服等）<br>○清潔・衛生の保持（手洗い・うがい・鼻水等）<br>○身だしなみや身の回りの整理整頓の習慣 | 序章〈光景1〉<br>第3章<br>エピソード3 |
| (2) 病気の状態の理解と生活管理 | ○自分の病気の状態の理解（アレルギー等）<br>○病気の予防・改善（服薬管理等）<br>○病気によって生じるストレスへの対応 | |
| (3) 身体各部の状態の理解と養護 | ○自分の身体各部の状態の理解<br>○身体各部の状態に伴う不安感の軽減 | |
| (4) 障害の特性の理解と生活環境の調整 | ○自分の特性の理解（ものの見方・感じ方・考え方、得意・不得意、好き・嫌い等）<br>○環境や他者への働きかけ（自己調整・支援や援助の要請等） | |
| (5) 健康状態の維持・改善 | ○健康・体力の保持・増進<br>○健康・体力の保持・増進への意欲の喚起 | |

### 【区分2】心理的な安定

**◎自分の気持ちや情緒をコントロールして変化する状況に適切に対応するとともに、障害による学習上又は生活上の困難を主体的に改善・克服する意欲の向上を図り、自己のよさに気付く。**

| 項目 | 『自立活動』の発想による指導内容例 | 関連エピソード |
|---|---|---|
| (1) 情緒の安定 | ○感情のコントロール<br>○不安や緊張の軽減<br>○感情の伝達手段の獲得<br>○自分のよさへの気付き | 序章〈光景3〉<br>第2章 -03- ①<br>第3章<br>エピソード1<br>エピソード2 |
| (2) 状況の理解と変化への対応 | ○場所や場面の変化の受容（スケジュール・場所の変更等）<br>○変化への不安の軽減（予告・事前体験等）<br>○状況の変化への対応（援助の依頼・情緒を安定させる方法の獲得等） | 第3章<br>エピソード2<br>エピソード8 |
| (3) 障害による学習上又は生活上の困難を改善・克服する意欲 | ○自分の特性の受容<br>○成功体験（達成感・成就感・自己肯定感等）による意欲の向上 | 第3章<br>エピソード6 |

※この資料は、『特別支援学校教育要領・学習指導要領解説　自立活動編（幼稚部・小学部・中学部）』に基づき、本書の内容を加えて、筆者が作成したものです。

**【区分3】人間関係の形成**

**◎自他の理解を深め、対人関係を円滑にし、集団参加の基盤を培う。**

| 項目 | 『自立活動』の発想による指導内容例 | 関連エピソード |
|---|---|---|
| (1) 他者とのかかわりの基礎 | ○身近な人とのやりとりの拡大<br>○身近な人との信頼関係の構築<br>○自他の感情の理解や共有 | 第3章<br>エピソード7<br>エピソード9<br>エピソード10 |
| (2) 他者の意図や感情の理解 | ○相手の意図や感情の推測<br>○相手と関わる際の具体的な方法の獲得<br>○場に応じた適切な行動をする態度や習慣の育成 | 第3章<br>エピソード1<br>エピソード4 |
| (3) 自己の理解と行動の調整 | ○自分の得意や不得意、行動の特徴の理解<br>○集団における自己肯定感・自己有用感の向上<br>○集団における状況に応じた行動の調整 | 第3章<br>エピソード4<br>エピソード5<br>エピソード6 |
| (4) 集団へ参加の基礎 | ○集団の雰囲気の理解や適応<br>○集団参加のための手順やきまりの理解 | 第2章-04-②<br>第3章<br>エピソード5<br>エピソード9<br>エピソード10 |

**【区分4】環境の把握**

**◎感覚を有効に活用し、空間や時間などの概念を手掛かりとして、周囲の状況を把握したり、環境と自己との関係を理解したりして、的確に判断し、行動できるようにする。**

| 項目 | 『自立活動』の発想による指導内容例 | 関連エピソード |
|---|---|---|
| (1) 保有する感覚の活用 | ○自己の感覚や認知の特性の理解と有効な活用（得意な学び方の理解・活用等） | 終章<br>都道府県マスター |
| (2) 感覚や認知の特性についての理解と対応 | ○自己の感覚の過敏さの理解と対応<br>○自己の認知の偏りの理解と対応（考え方・感じ方・受け取り方等） | 第2章-04-① |
| (3) 感覚の補助及び代行手段の活用 | ○感覚の補助の理解と活用（眼鏡・補聴器等）<br>○感覚の代行手段の理解と活用（文章を目で読む→文章を読み上げる等） | 第2章-04-① |
| (4) 感覚を総合的に活用した周囲の状況についての把握と状況に応じた行動 | ○複数の感覚の組み合わせによる的確な判断や行動（視覚・聴覚・触覚を活用した漢字練習等）<br>○必要な機器の使用や要請 | |
| (5) 認知や行動の手掛かりとなる概念の形成 | ○時間・順序の把握（スケジュール・手順等）<br>○生活経験や学習経験との関連付け<br>○具体から抽象 | |

**【区分５】身体の動き**

**◎日常生活や作業に必要な基本動作を習得し、生活の中で適切な身体の動きができるようにする。**

| 項目 | 『自立活動』の発想による指導内容例 | 関連エピソード |
| --- | --- | --- |
| （１）姿勢と運動・動作の基本的技能 | ○姿勢と運動・動作の基本的な技能の獲得（姿勢：座る・立つ等、運動：歩く・走る・投げる・跳ぶ等、動作：書く・持つ・器具を使う等） | |
| （２）姿勢保持と運動・動作の補助的手段の活用 | ○姿勢の保持（座る・立つ・止まる等）<br>○補助的手段の活用（扱いやすいはさみやコンパス・読み取りやすい定規・表現手段としてのコンピュータの活用等） | |
| （３）日常生活に必要な基本動作 | ○食事の動作（箸の使い方・食器の持ち方・こぼさずに食べる等）<br>○更衣の動作（体操服・エプロン・水着等）<br>○書字・描画動作 | |
| （４）身体の移動能力 | ○歩行（安全面への配慮、場に応じた歩き方等） | |
| （５）作業に必要な動作と円滑な遂行 | ○基本動作の習得や巧緻性・敏捷性の向上<br>○遂行能力の向上（正確さ・速さ・持続性） | |

**【区分６】コミュニケーション**

**◎場や相手に応じて、コミュニケーションを円滑に行うことができるようにする。**

| 項目 | 『自立活動』の発想による指導内容例 | 関連エピソード |
| --- | --- | --- |
| （１）コミュニケーションの基礎的能力 | ○適切な意思や感情の伝達方法の理解と獲得（表情・手振り・言葉の選択・カード等の用具を用いたやりとり等） | 第３章 エピソード７ |
| （２）言語の受容と表出 | ○言語の受容（相手の意図や感情の推察・視覚的な手掛かりを用いた整理）<br>○言語の表出（話し言葉・文字・絵・記号・その他補助手段等の使用等） | 第３章 エピソード１ |
| （３）言語の形成と活用 | ○語彙・語句の拡充と正しい意味理解<br>○言語概念の形成（抽象語が意味すること等） | |
| （４）コミュニケーション手段の選択と活用 | ○コミュニケーション手段の適切な活用（話し言葉・文字・絵・記号・各種機器や器具等） | |
| （５）状況に応じたコミュニケーション | ○場や相手に応じたコミュニケーションの理解と経験（ロールプレイ等の活用）<br>○場や相手に応じたコミュニケーションの展開 | 第２章 -04- ② |

《著者》

**土居裕士**（どい・ひろし）

1969年岡山県生まれ。鳥取大学教育学部小学校教員養成課程卒業後、岡山市公立小学校に勤務し、2020年4月よりノートルダム清心女子大学人間生活学部児童学科准教授。著書に『気になる子の心を育てる対話の3ステップ』（学事出版）。

《編集代表》

**青山新吾**（あおやま・しんご）

1966年兵庫県生まれ。ノートルダム清心女子大学人間生活学部児童学科准教授、同大学インクルーシブ教育研究センター長。岡山県公立小学校教諭、岡山県教育庁指導課特別支援教育課指導主事を経て現職。臨床心理士、臨床発達心理士。著書に、『自閉症の子どもへのコミュニケーション指導』（明治図書）『インクルーシブ教育を通常学級で実践するってどういうこと？』（学事出版）ほか多数。

つなぐ・つなげるインクルーシブ教育

**かかわりの中で育つ**

**通常学級『自立活動』の発想による指導**

---

2021年11月12日　初版第1刷発行

著　者――土居裕士

発行者――花岡萬之

発行所――学事出版株式会社

〒101-0021　東京都千代田区外神田2-2-3

電話03-3255-5471

https://www.gakuji.co.jp

編集担当　加藤　愛

装丁・イラスト　増田泰二

印刷製本　精文堂印刷株式会社

---



ISBN978-4-7619-2751-6 C3037

## 特別支援教育ONEテーマブックシリーズ
## 編集代表 青山新吾(ノートルダム清心女子大学)

特別支援教育ONEテーマブック 10
青山新吾 編集代表
気になる子の
ための
キャリア発達支援
菊地一文 著